Thomas Quartier

Bleiben

THOMAS QUARTIER

BLEIBEN

Umarmen, was man sich
nicht ausgesucht hat

Vier-Türme-Verlag

Inhalt

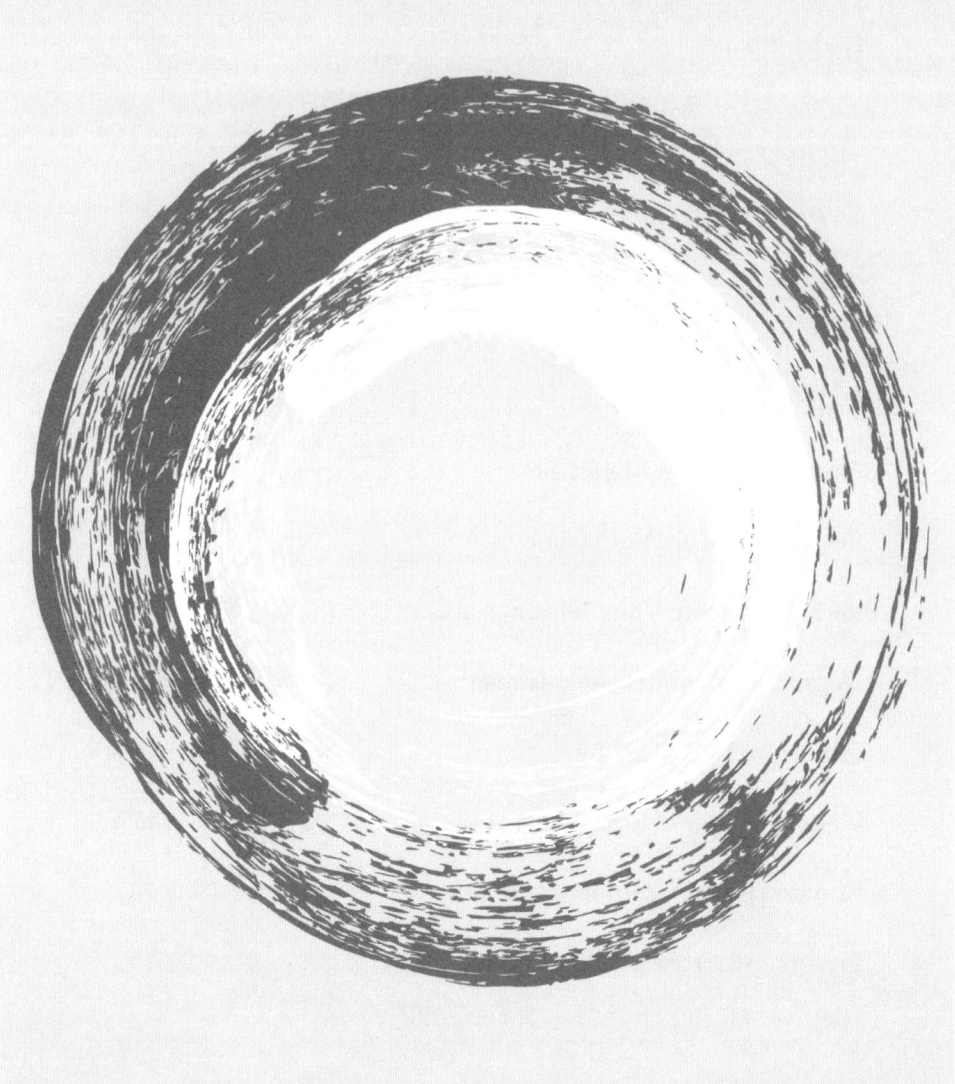

Einleitung

Wenn äußere Umstände oder Veränderungen auf einmal alles, auf dem wir scheinbar so sicher standen und bauten, ins Wanken bringen und altbewährte Lebensmuster nicht mehr tragen, finden wir uns mitten in einer Lebenssituation, die wir uns weder ausgesucht noch gewünscht haben. Doch während wir in manchen dieser Krisen zumindest nach und nach Auswege oder neue Wege finden, gibt es auch Situationen, denen wir völlig machtlos gegenüberstehen und die uns zwingen, mit ihnen auf irgendeine Weise leben zu lernen. Das haben viele von uns in den Zeiten des Lockdowns während Pandemie häufig sehr schmerzhaft am eigenen Leib erfahren. Aber auch andere Lebensumstände sind manchmal nicht oder nur auf sehr lange Zeit gesehen zu ändern: Arbeitslosigkeit, Krankheit, Behinderung oder die Pflege nahestehender Menschen, schwierige Familienkonflikte, beengte Wohnsituationen, aber auch ein Beruf, dessen man sich nicht mehr sicher ist, und nicht zuletzt der Verlust eines geliebten Menschen.

Natürlich ist es sinnvoll, auch in solchen Situationen weiter nach einem Ausweg oder einer Lösung zu suchen. Doch häufig müssen wir uns zunächst einmal mit dem Bleiben und dem Aushalten dieser Umstände beschäftigen. Während es in beinahe jeder Buchhandlung einige Regalmeter zum Thema »Veränderung« und »neue Wege« gibt, ist guter Rat in solchen Lebensmomenten teuer und rar.

Nicht selten vertrauen Menschen auch und gerade heute auf die Weisheit der Klöster. Denn ein Kloster ist in vieler Hinsicht ein Ort des Bleibens und der Beschränkung, an dem genau diese im Alltag oft schwierigen Haltungen wie selbstverständlich geübt und gelebt werden. Das ganze Leben von Mönchen und Nonnen scheint darin zu bestehen, Dingen freiwillig zu entsagen. Aber warum sollte man es sich eigentlich antun, kein persönliches Eigentum zu haben, nur einen kleinen Bewegungsradius, weil man das Kloster kaum verlassen kann, und keine Beziehung und Familie im klassischen Sinn? Die Antwort, die Mönche und Nonnen darauf geben, ist, dass sie darin eine Freiheit gewinnen, die man ansonsten nie hätte. Es gibt jedoch auch die unfreiwilligen Einschränkungen im Kloster. Gerade in einer Lebensform, die einem viel abverlangt und Verzicht mit sich bringt, sind Reibereien innerhalb der Gruppe vorprogrammiert. Dann beginnt die spirituelle Herausforderung.

Insbesondere die benediktinische Spiritualität erfreut sich großer Beliebtheit. Die Zahl der Ratgeber in Buchform und als Kurs oder Coaching ist groß. Ein Kerngedanke dieser Art von Spiritualität ist, dass weniger mehr ist, dass Beschränkung eben auch etwas Gutes haben kann. Das ist sicher nicht falsch. Aber es gilt vor allem für Menschen, die aus der Fülle kommen und freiwillig darauf verzichten, nicht für solche, die keine andere Wahl haben. Wenn man in einer wirklichen Krise nach Patentrezepten für jede Situation sucht oder meint, sie gefunden zu haben, ist das weder klösterlich noch wird es dem jeweiligen Krisenmoment gerecht.

»Wenn du deine Welt klein machst, wird sie unendlich groß«, sagte mir ein alter Mönch vor zehn Jahren, als ich selbst noch kein Mönch war, aber mich mit dem Gedanken trug, einer zu werden. So einfach war und ist es nicht, wie ich inzwischen weiß. Auch weiß ich, dass es schwer ist, in solchen Situationen gute Ratschläge zu erteilen. Zumal das Klosterleben etwas ist, das man freiwillig wählt. In die Situationen, von denen oben die Rede war, gerät man jedoch alles andere als freiwillig. Der alte Bruder erteilte mir aber eigentlich auch keinen Rat. Er erzählte einfach von all dem, was er erlebt hatte. Es war nicht die Idylle, die ich vom Klosterleben erwartet hatte. Denn das Klosterleben demaskiert Menschen mit ihren Unsicherheiten und Zweifeln, ihren falschen Ansprüchen und existenziellen Sorgen, ihren unbewussten und bewussten Strategien. Es führt aber auch durch alle Lebenskrisen hindurch zu einer Offenheit, die für jeden Menschen heilsam sein kann.

Mich selbst macht es als Benediktinermönch oft verlegen, wenn Leute von mir erwarten, dass ich ihre Krisen lösen kann. In vielen Problemen, von denen mir bei Lesungen oder in Workshops erzählt wird, erkenne ich mich wieder: meine Zweifel an der Sinnhaftigkeit des Lebens oder meines Tuns, meine Fragen, wer ich eigentlich bin und was meine Identität ist, und meine Ohnmacht, die ich in schwierigen Situationen mit Menschen, die mir am Herzen liegen, erfahre. Ich kann und will dann niemandem die Benediktsregel als Leitfaden an die Hand geben, als ob man daraus einfache Handlungsmodelle ableiten könnte, die unserer heutigen Lebenssituation entsprechen. Wie man es auch dreht oder wendet: Wir leben in einer anderen Zeit als Benedikt, und wenn er heute leben würde, würde seine Lebensregel wohl auch ganz anders aussehen.

Was zu Lebzeiten Benedikts im sechsten Jahrhundert ein Ideal war, muss das heute keineswegs sein. Hinzu kommt, dass ich von mir selbst weiß, wie trügerisch eine noch so gut gemeinte Handlungsrichtlinie sein kann. Jeder, der schon einmal eine Diät gemacht hat, weiß, dass das Risiko, dann nicht mehr das

Essen, sondern das Abnehmen als Kick zu erfahren, riesengroß ist. Die Folge ist dann oft ein böses Erwachen: der bekannte Jo-Jo-Effekt oder ernsthafte Essstörungen. Wenn weniger Essen mehr ist, um gesund zu leben, kann irgendwann weniger Fasten mehr sein, um eben nicht in die nächste Fallgrube zu stolpern. Auch ich möchte daher wie der alte Mönch keine weisen Ratschläge geben – nicht als Mönch und auch nicht als Mitmensch, der oft im selben Boot sitzt wie jene, die sich mir anvertrauen. Lösungswege kann in solchen Situationen jeder nur für sich selbst finden.

Erzählen

Ich bin im Lauf der letzten Jahre als Mönch, Buchautor, Redner, Performer und Theologieprofessor zahlreichen Menschen begegnet, die mir von ihrem Weg durch solche Situationen erzählt haben. Stets ging es darum, dass sie loslassen wollten, wovon sie meinten, dass es ihnen im Weg stand und die Ursache war, weshalb sie in dieser Situation ausharrten. Sie wollten sozusagen das Kloster in ihrem Leben finden, einen Raum schaffen, in dem sie sich von all den Gefühlen, Vorstellungen oder Abhängigkeiten befreien konnten. Doch jedes Mal trog der Schein. Ein solches »Kloster« bedeutet nur dann Befreiung, wenn man permanent alles loslassen kann, einschließlich des »Klosters« selbst. Tut man das nicht, ist man vom Loslassen abhängig und die unfreiwillige Notsituation verschärft sich. Das Kleine wird dann im eigenen Denken und Verlangen so groß, dass das eigentliche Große erneut keinen Raum mehr bekommt. Loslassen ist wahrlich kein Patentrezept, sondern ein lebenslanger Prozess. Wer davon erzählt, von seinem Idealismus, Scheitern und Wiederaufstehen, gibt wirklich Weisheit weiter. Doch in der

Erzählung des alten Mönches wurde mir schnell klar, dass auch bei ihm der Weg des mönchischen Lebens keine gerade Piste zur Freiheit war.

Er wusste, wovon er sprach, und genau das erzählte er mir: Wegen seines fortgeschrittenen Alters hatte er in den letzten Jahren immer mehr Verantwortung abgeben müssen. Am schwersten war es ihm gefallen, seine Aufgabe als Gastbruder nicht mehr ausüben zu können, das heißt, das Gästehaus zu koordinieren und sich um die Organisation dort zu kümmern. Je älter er wurde, umso mehr überforderte es ihn, den Überblick zu behalten. So war es einige Male vorgekommen, dass Gästezimmer doppelt gebucht wurden – eine schwierige Situation für die angereisten Gäste, aber auch für ihn als Verantwortlichen. Nun erzählte er mir von diesem Loslassen seiner Aufgaben mit einer Leichtigkeit, als passe diese neue Phase in seinem Leben wunderbar zu seiner Klosterberufung, obwohl sie eigentlich mit einer persönlichen Niederlage verbunden zu sein schien: »Jetzt kann ich viel besser mit den Menschen reden, die zu uns ins Kloster kommen, denn ich brauche mir um die praktischen Dinge keine Sorgen mehr zu machen.« Einen Rückschlag zu umarmen und als Chance zu sehen, schien mir ein Ideal, das in manch schwerer Lebensphase die Rettung sein kann.

Am meisten hat mich der alte Mönch jedoch überrascht, als er davon erzählte, dass es ihm dann doch nicht so leichtgefallen war, seine neue Rolle als Gesprächspartner für Gäste zu übernehmen: »Ich merke, dass ich so viel Gefallen an den Gesprächen mit Gästen finde, dass es mir manchmal zu viel wird. Trotzdem kann ich kaum Nein sagen.« Die Versuchung war groß, gleich wieder in die alten Muster zurückzufallen und die Chance wiederum in eine unfreiwillige Misere zu wandeln. Sie konfrontierte den Mönch damit, dass unsere Neigung, alles selbst in der Hand haben und auch umsetzen zu wollen, stark blieb, auch im Kleinen, das wir von Herzen umarmen wollten. »Die Katze beißt sich immer wieder in den Schwanz«, sagte er.

Loslassen

Der alte Mönch konfrontierte mich in seinen Erzählungen mit der Notwendigkeit, loszulassen. Er inspirierte mich dazu, Beschränkungen als Chance zu sehen. Und das gilt auch für unfreiwillige Beschränkungen, die das Leben oder andere Menschen einem auferlegen. Nicht alles, was wir wollen, ist immer möglich. Doch es kann durchaus heilsam sein, wenn wir nicht jeder Neigung folgen können. Denn wer immer alles erreicht, kann vieles nicht mehr wertschätzen, was ihm geschenkt wird. Auch freiwillige Einschränkungen können uns helfen, uns auf das Wesentliche zu konzentrieren und dadurch einen Sinn im Kleinen zu erfahren, den wir niemals erkannt hätten, wenn wir immer wieder etwas Neues oder Besseres anstreben würden. Die Kunst des Loslassens gehört zum Leben.

Viele Menschen, die in einer neuen Lebensphase angekommen sind, erkennen sich vielleicht im Verhalten des Mönchs wieder. Wer in den Ruhestand geht, hat es zunächst schwer, sich damit abzufinden, seiner Tätigkeit, die er sich in Jahrzehnten angeeignet hat, nicht mehr nachgehen zu können. Sich auf seine Hobbys zu konzentrieren und mit ehrenamtlichem Engagement zu begnügen, verschafft einem eine enorme Freiheit. Und doch ist das Leben dann zuweilen mindestens genauso voll wie zuvor. Wer Vater oder Mutter wird, will sich auf die Familie konzentrieren. Wenn man seine Arbeitszeit reduziert, bietet das Raum für zweckfreies Tun ohne Zeitdruck. Im Vergleich mit anderen

Eltern und Kindern kommt man aber immer wieder in einen Wettbewerb. Und plötzlich unterliegen die Erziehung und die Elternzeit denselben Mechanismen, die man im Beruf losgelassen hat. Man sieht sich mit demselben Druck konfrontiert wie zuvor.

Manche neue Lebensphase und damit einhergehende Beschränkung ist aber eben nicht freiwillig gewählt. Wer zum Beispiel einen geliebten Menschen verliert, muss radikal loslassen und lebt auf einmal in einer Welt, die deutlich kleiner geworden ist, in der man Aufgaben übernehmen muss, die einem überhaupt nicht liegen, und andere Dinge, die man gerne getan hat, nun gar nicht mehr möglich sind. Man bleibt allein zurück und muss sich mit dieser Situation nicht nur auseinandersetzen, sondern auch irgendwie damit klarkommen, ob man will oder nicht. Wer eine falsche Lebensentscheidung trifft, muss mit ansehen, wie das, woran er fest geglaubt hat, sich als Sackgasse erweist. Es ist nicht selbstverständlich, dass man entdeckt: Auch in diesem Scheitern kann ein Weg in eine neue Zukunft liegen. Vielleicht beginnt gerade dann die eigentliche Aufgabe des Bleibens: sich vom eigenen Denken zu befreien und sein Leben kreativ zu gestalten, so schwer oder gar unmöglich das auch scheinen mag. »Wenn du deine Welt klein machst, wird sie unendlich groß« – vielleicht müsste der Satz heißen: »Wenn du gezwungen bist, deine Welt klein zu machen, kann darin eine unendlich große Chance liegen.« Man umarmt, was man sich nicht ausgesucht hat, und bleibt.

In der Regel des heiligen Benedikt von Nursia (480–547) heißt es dazu gleich zu Anfang: »Wir wollen also eine Schule für den Dienst des Herrn einrichten. Bei dieser Gründung hoffen wir, nichts Hartes und nichts Schweres festzulegen. Sollte es jedoch aus wohlüberlegtem Grund etwas strenger zugehen, um Fehler zu bessern und die Liebe zu bewahren, dann lass dich nicht sofort von Angst verwirren und fliehe nicht vom Weg des Heils; er kann am Anfang nicht anders sein als eng. Wer aber im klösterlichen Leben und im Glauben fortschreitet, dem wird das Herz weit, und er läuft in unsagbarem Glück der Liebe den Weg der Gebote Gottes« (Regel Benedikts [RB] Prolog 45–49).

So einfach soll das also sein? Durchhalten, koste es, was es wolle? Nein, das wäre eine allzu naive Art und Weise, Klosterleben bis zum bitteren Ende zu verstehen. Dann würde man der Versuchung erliegen, im Aushalten gerade nicht diese »Weite des Herzens« zu erreichen, von der Benedikt in der Regel spricht. Der »Glaube« würde dann ersticken und einer Kadaverdisziplin weichen, die das Gegenteil erreicht und nicht der Weg des Glaubens sein kann. Eher geht es um eine *Haltung*, die die Einzigartigkeit jeder einzelnen Lebenssituation für sich sprechen lässt. Einfache Lösungen gibt es nicht. Der alte Mönch, von dem ich erzählte, konnte auch für sich selbst keine eindeutigen Antworten geben, er konnte den vielen Gästen, mit denen er sprach, keine guten Ratschläge erteilen. Er hätte sonst immer das ungute Gefühl gehabt, dem Großen, das im Kleinen liegt, nicht gerecht zu werden. Nur allzu schnell hätte er den Weg für das Große verstellt. Man kann also niemandem vorschreiben, dass er in seiner augenblicklichen Situation, sei sie nun frei gewählt oder erzwungen, eine Chance entdeckt. Aber in diesem Buch erzählen einige Menschen, wie sie genau das versucht haben – und es geschafft haben, zu bleiben, ohne daran zu zerbrechen. Ganz im Gegenteil: Sie haben tatsächlich in die »Weite des Herzens« gefunden, auch wenn der Weg dahin alles andere als einfach war. Und auch weiterhin nicht einfach bleibt.

Genau genommen erzählen in diesem Buch nicht die Menschen selbst, sondern ich als Erzähler deren Geschichte. Und noch genauer genommen ist es nicht die Geschichte eines Menschen, sondern so etwas wie eine Weisheitsgeschichte, die aus den Erfahrungen entstanden ist, die ich im Lauf der Jahre im Kloster in der Konfrontation mit mir selbst und Menschen in meiner Umgebung gemacht habe. Sie entspringen konkreten Lebenssituationen, doch sie wuchsen in meiner Fantasie. Nur so kann ich die Inspiration, die in diesen Geschichten enthalten ist, artikulieren. Ich erzähle sozusagen *Klosterstorys*. Sie handeln von Verzweiflung und Hoffnung, Zweifel und Glauben, Fallen und Aufstehen. Was dabei »die Moral von der Geschicht'« ist, kann ich oft nur schwer sagen. Ich weiß, dass mir jede einzelne bei meiner eigenen Suche geholfen hat. Sind die Geschichten erfunden? Habe ich sie mir ausgedacht? Vielleicht, doch viel angemessener ist es, sie als solche anzuhören. Denn was sie zu sagen haben, hängt nicht davon ab, ob die Menschen, von denen ich erzähle, und die Vorbilder aus der Klostertradition und der Bibel, die mit ihnen verbunden sind, tatsächlich real sind. Es verhält sich dabei wie mit der Wahrheit von Legenden: Es sind Legenden, *also* sind sie wahr.

In dieser Wahrheit erkennen sich viele Menschen, mit denen ich gesprochen habe, wieder. Die Geschichten handeln von Klostermenschen, von Mönchen und Nonnen, aber auch von anderen Sinnsuchern, die in eine ausweglose Situation geraten sind und ihre Zuflucht oder ihre Reibungsfläche in der Klosterspiritualität suchten. Mir geht es nicht darum, dass die, die Rat suchen, einfach den Menschen in den Geschichten folgen.

Sie sollen nicht dieselben Entscheidungen treffen und nicht dieselben Fehler machen. Die Geschichten sind eher so etwas wie ein *Spiegel*, in dem sie sich selbst betrachten können. Klösterliche Weisheit besteht für mich nicht darin, zu wissen, was man tun muss, um ein ruhiges und beschauliches Leben zu führen. Es geht vielmehr darum, dass die Menschen in den Geschichten als Spiegel dafür sorgen, dass der Mönch in ihrem eigenen Innern ihnen direkt in die Augen schaut.

Die Geschichten erzählen von konkreten Menschen im Licht der Bibel, der Regel Benedikts und vor allem ihrer eigenen Erfahrungen, ihrer Zweifel und sinnstiftenden Momente. Alle Wege sind offen, wenn man in einer Krise ist. Der Begriff bedeutet nämlich wörtlich »Unterscheidung«. Sie endet weder im Erfolg noch im Misserfolg, sondern im Bewusstsein, einen weiteren Schritt machen zu müssen und zu können. Manche Protagonisten in den Geschichten stellen sich weiterhin ihrer manchmal sehr schwierigen Lebenssituation, andere suchen ein anderes Lebensmodell. Was ihnen allen gemeinsam ist: Am Ende haben sie die Notwendigkeit erkannt, dass man bereit sein muss, jede Vorstellung von einem gelungenen Leben loszulassen und die Spannung auszuhalten. »Bleiben« wird zur Lebenshaltung.

Man nennt diese Art des Erzählens auch *Storytelling* – eine Methode, die in vielen Bereichen immer mehr an Bedeutung gewinnt. Im professionellen, akademischen und therapeutischen Kontext setzt sich mehr und mehr die Erkenntnis durch, dass man manches nicht in Erörterungen und mit Argumenten kommunizieren kann, sondern durch Storys, die aktivieren, begeistern, zum Nachdenken und Handeln anregen. Dabei können Symbole und Metaphern eine genauso wichtige Rolle spielen wie Charaktere und Leitfiguren. Es geht bei dieser Art des Erzählens um mehr als nur die Umsetzung eines bestehenden Inhalts in die Form einer Geschichte. Gerade in Krisensituationen ist der Inhalt, der uns helfen kann, oft für alle Beteiligten ungreifbar und nicht artikuliert. In der kreativen Welt, die in einer Geschichte entsteht, ist Raum für Ungereimtes und Widersprüchliches, aber auch für Perspektiven, die sich nur auf diese fantasievolle Weise eröffnen. Zudem kann der Zugang zu alten Weisheitstraditionen und -texten wie dem Klosterleben, der Benediktsregel oder der Bibel häufig nur dann gelingen, wenn man sich traut, unerwartete Bezüge entstehen zu lassen, auf die man außerhalb der Geschichte nie gekommen wäre.

Die Geschichten in diesem Buch handeln von Menschen, die sich auf den Weg durch ihre schwierigen Zeiten und ausweglosen Situationen gemacht haben. Sie handeln auch von der Ernüchterung, wenn sie es sich dabei zu einfach gemacht haben, und von der Offenheit für neue Wege, die manchmal anders aussehen, als man es selbst vorher erwartet hätte. Jedes Mal erweist sich der Weg, den die Protagonisten gehen, als kurvenreich. Den geraden Weg durch die »Schule für den Dienst des Herrn«, wie Benedikt sagt, gibt es für sie nicht. Auch gibt es keine klar abgesteckten oder erreichten Ziele. Die Menschen kommen dort an, wo sie hingehen.

Die Hauptpersonen sind tatsächlich frei erfunden. Alle Ähnlichkeiten oder Übereinstimmungen mit realen Personen sind rein zufällig. Doch sie sind auch wirklich, da sie meiner Erfahrung und Wahrnehmung entspringen. Im Sinne von Metaphern habe ich anhand ihrer Namen Bezüge zu biblischen Quellen hergestellt. Zudem habe ich anhand von konkreten Situationen Texte aus der Benediktsregel oder aus der Literatur aufgestöbert. Der Leser kann in diese Fantasiewelt eintauchen und darin seine eigene Lebenswelt entdecken. Daher wird bewusst nicht der Versuch unternommen, die Storys vollständig zu deuten oder praktische Regeln abzuleiten. Wohl wird bei jeder Geschichte kurz der thematische Zusammenhang skizziert, in dem sie entstanden ist, und es werden einige Gedanken beschrieben und Fragen formuliert, die bei der eigenen Reflexion helfen können.

Die Storys beschreiben verschiedene Arten von ausweglosen Situationen, in die man – freiwillig oder unfreiwillig – geraten kann: Phasen, in denen man keinen Sinn mehr sieht, in denen man nicht mehr weiß, wer man selbst ist, in denen die Beziehung zu anderen Menschen in die Krise gerät. Wenn man zum Beispiel eine Entscheidung getroffen hat und dabei eine Vision hatte, kommt es zu einer Sinnkrise, wenn diese sich als Illusion erweist. Wenn man sich aus vielen Lebensbereichen zurückgezogen hat, weil man glaubte, sich auf das Wesentliche konzentrieren zu wollen, dann jedoch die große weite Welt vermisst, ebenfalls. Wenn man mit seinen Talenten eigentlich nichts mehr beweisen wollte, dann jedoch dem eigenen kreativen Anspruch nicht mehr gerecht werden kann, geht Sinn verloren. Wenn wir nicht mehr wissen, wer wir selbst sind, stürzt uns das in eine Identitätskrise. Wir haben uns so mit einer bestimmten Lebenshaltung identifiziert, dass wir uns selbst darin verloren haben. Letztlich bleibt bei allen Storys nur eine radikale Offenheit, ohne Anspruch und ohne Ambition, aber mit dem ultimativen Gebot der Liebe, zu bleiben und zu meistern, was man sich nicht ausgesucht hat.

Spannend ist, dass jede der Geschichten ein zentrales Motiv der Klosterspiritualität thematisiert. Die Grundthemen der Klosterspiritualität lassen sich im Begriff des Bleibens wiederfinden. Was an Klostertugenden und -haltungen zu finden ist, kann ein Leitmotiv für alle Lebenssituationen werden. Für mich zeigt sich darin, wie alltagstauglich und lebensnah die Weisheit der Mönche war und noch immer ist. Das vorliegende Buch kann so vielleicht eine Fundgrube für all jene sein, die in ausweglosen Situationen nicht davonlaufen wollen. Denn Bleiben ist nicht nur für die Menschen in den Geschichten oder jene, die direkt mit dem Klosterleben in Berührung kommen, ein wichtiges Thema. Sie können all jenen eine Perspektive eröffnen, die sich in (scheinbar) ausweglosen Situationen befinden, indem sie dabei helfen, diese Momente als das wahrzunehmen, was sie sind: Wege zur Unendlichkeit, die Frieden und Liebe möglich machen, trotz aller Enttäuschungen.

Stabilität:
Vom Bleiben

Wenn wir den Sinn unseres Lebenswegs infrage stellen oder aus den Augen verlieren, verlieren wir leicht den Boden unter den Füßen. Die Stabilität verschwindet aus unserem Leben, weil uns eine Perspektive abhandengekommen ist oder häufig sogar das Fundament unseres Seins. Praktische Probleme, mit denen wir konfrontiert werden, wachsen dann zu überlebensgroßen Schwierigkeiten heran, die uns an allem zweifeln lassen, was zuvor selbstverständlich war. Durch diesen Zweifel verschwindet zuweilen die Hoffnung, die uns auch große Herausforderung meistern lässt. Der ständige Wettlauf, der unser Leben bestimmt und zuvor vielleicht etwas war, das uns angespornt hat, erweist sich als ziellos. Hoffnung wäre, dass all unser Tun und Lassen ein Ziel hat. Ansonsten sehen wir keinen Ausweg mehr aus dem Ausweglosen. Wir wollen nur noch weglaufen. Jeder Mensch kennt wohl solche Situationen, in denen einem alles zu viel wird und Irritationen im Alltag auf einmal zu realen Bedrohungen werden. Details, die uns zuvor bedeutungslos schienen, vermiesen plötzlich nicht nur den Tag, sondern werfen einen dunklen Schatten auf alles. Die Begeisterung ist uns verlorengegangen, alles gerät ins Wanken, und nichts scheint mehr eine verlässliche Grundlage zu haben.

Der alte monastische Wert der Stabilität *(stabilitas)* bedeutet nicht einfach, dass man auch in schweren Zeiten durchhalten muss, koste es, was es wolle. Vielmehr ist die Stabilität, was das Kloster und die Gemeinschaft als Lebensraum angeht, ein Stehen auf festem Grund. Das meint zum einen, dass man mit beiden Beinen auf dem Boden bleibt, nicht ins Wanken gerät, auch wenn der Gegenwind aus unterschiedlichen Richtungen heftig bläst, auch wenn die Lebensumstände und meine Zweifel mich aus dem Gleichgewicht zu bringen drohen. Zum anderen meint *Stabilitas* das Bleiben, das Aushalten von allem, was kommt, auch wenn das alles andere als einfach und häufig auch mit Schmerzen und Leid verbunden ist. In der Regel Benedikts lesen wir als Grund für dieses Bleiben: »Wir wollen uns Gottes Unterweisung niemals entziehen und in seiner Lehre im Kloster ausharren bis zum Tod. Wenn wir so in Geduld an den Leiden Christi Anteil haben, dann werden wir gewürdigt, auch mit ihm sein Reich zu erben« (RB Prolog 50). Die streng anmutende Sprache ist in Wahrheit ein Plädoyer dafür, trotz aller Schwierigkeiten einen Weg zu suchen, den man gehen kann, auch wenn er nicht einfach ist. Das Leben an sich ist auch in schwierigen Zeiten in vielen Kleinigkeiten so schön und so gut, dass es sich lohnt zu leben, dass man auch in den schwierigsten Situationen Schönheit finden kann und Freude, dass es immer »ein Stück Himmel« gibt, das man sehen kann.

Das hört sich schön an, doch was, wenn wir nicht in der Lage sind, den Himmel in den Blick zu nehmen, für den das »Reich Christi« im Regeltext steht? »Sein Reich erben« – auch in der Bibel ist immer wieder die Rede vom »Reich Gottes«, dem »Himmel auf Erden«, den es zu gewinnen gilt. Das klingt sperrig, aber wenn wir es ins Heute übersetzen, meint es vielleicht nichts anderes, als nicht aus den Augen zu verlieren, dass es immer ein »Mehr« gibt in unserem Leben. Also nicht nur die Schwierigkeiten und ausweglosen Situationen, sondern auch die Schönheit und die Freude, die Verbundenheit mit anderen Menschen, die Nähe und ihre Liebe. »Himmel«, das steht für Unendlichkeit und die Gegenwart Gottes. Zugleich ist er jedoch auch sichtbar und zum Greifen nah. Er versinnbildlicht die endgültige Zukunft am Ende der Zeit, aber auch alles, was uns schon jetzt und hier geschenkt wird. Der Himmel spricht viele Menschen an, auch jene, die keinen festen Glauben haben. In den Himmel zu blicken bedeutet, Kraft zu schöpfen, um weitergehen zu können und manches zu relativieren. Er ist die endgültige Bestimmung, die jeden Tag schon anbricht, mit jeder kleinen Entscheidung, die wir treffen.

Manchmal fällt es uns jedoch schwer, diesen »Himmel auf Erden« zu sehen, weil es so dunkel um uns scheint oder weil er verstellt ist durch alles, was an uns zerrt und zehrt. Wir fühlen uns wie in einem Gefängnis, einem tiefen Loch, schauen nur auf die nächste Wand, vor unsere Füße. Doch um den Himmel wieder in den Blick zu bekommen, brauchen wir oft nur den Kopf zu heben und damit die Perspektive zu ändern.

Wenn wir zu schnell unterwegs sind, verdunkelt er sich und unsere Stabilität gerät ins Wanken. In ausweglosen Situationen geht es darum, unsere Entscheidungen nicht nur nüchtern abzuwägen, sondern Inspiration zuzulassen, die sich nur ergibt, wenn wir zu Ruhe kommen: das »Reich Gottes« auf der Erde. Sollte ein Kloster ein Aussichtspunkt auf den Himmel sein? Gerade die Stabilität der dortigen Lebensform kann zu einem spirituellen Lebensweg beitragen. Das erfährt Bruder Paulus in der folgenden Geschichte, in der sich der Himmel zwar auch in seinem Klosterleben verdunkelt, er aber durch Unwegsamkeit und Hoffnungslosigkeit hindurch neuen Mut schöpft.

»Wenn der Himmel sich zu schließen droht, kann ein kleiner Ort auf Erden genug sein, um die Welt zu retten.« So lautete die verrückte Hoffnung und der aberwitzige Glaube von Bruder Paulus. Nach einem Jahr, in dem er in Abgründe geblickt hatte, von denen er sich bis dahin kaum hatte vorstellen können, dass es sie überhaupt gibt, war er wieder zu Hause im Kloster seines Lebens. Vieles war passiert. In der Mitte seines Lebens, knapp vierzig Jahre alt, hatte er sich magisch vom Klosterleben angezogen gefühlt. Manche in seiner Umgebung nannten das »Midlifecrisis«. »Das geht vorbei«, unkten alte Freunde. Für ihn war es der Versuch, ein zügelloses Leben, dessen Sinn er immer weniger erkennen konnte, in geordnete Bahnen zu lenken. Warum eigentlich, so fragte er sich heute. Sein Leben war nicht schlecht gewesen. Sowohl im persönlichen als auch im beruflichen Bereich befand er sich immer auf der Überholspur. Müdigkeit war ihm fremd. Wohl hatte er das unbestimmte Verlangen gespürt, eben nicht sein Leben lang das Feld stets von hinten aufrollen zu müssen. Wenn man immer nur vorwärts rennt, ist irgendwann das scheinbare Ziel weder in Sicht noch erreichbar. Er sehnte sich nach einem stabilen Ort, der Bedeutung und Sinn hat und den Ausstieg aus dem auf die Dauer langweiligen Galopp seines bisherigen Lebens ermöglicht. Er hatte sich Stillstand gewünscht, Ankommen, Bleiben. Und genau dieses Verlangen hatte sich nicht stillen lassen, indem er immer weiter Richtung Horizont rannte und sich im Kleinklein verlor. Das Kloster hatte Tiefe und zugleich unendliche Höhe versprochen, aber vor allem: Beständigkeit.

Wie durch Zufall war er auf den Text der Regel des heiligen Benedikt gestoßen. Eine Passage hatte ihn nicht mehr losgelassen, nachdem er entgegen seiner Gewohnheit alle Kapitel mehr als nur einmal und nicht nur diskursiv gelesen hatte. Sie stand ganz am Ende des dünnen Büchleins: »Wenn du also zum himmlischen Vaterland eilst, wer immer du bist, nimm diese einfache Regel als Anfang und erfülle sie mit der Hilfe Christi. Dann wirst du schließlich unter dem Schutz Gottes zu den oben erwähnten Höhen der Lehre und der Tugend gelangen« (RB 73,8–9). Das hatte so wunderbar unprätentiös geklungen. Wenn er ehrlich war, hatten ihn seine eigenen Ansprüche schon lange mehr erschöpft, als er es wahrhaben wollte. Seine »Blutgruppe« war katholisch. Das heißt, dass er sich nie die Frage gestellt hatte, ob er sich vielleicht einer anderen Glaubensrichtung zugehörig fühlte. So wie man eben auch bei einer Blutgruppe nicht wirklich darüber nachdenkt, ob man eine andere oder gar keine haben könnte. Die »Hilfe Christi«, die die Regel hier in Aussicht stellte, hatte er in seinem Leben nie wirklich wahrgenommen, aber er zweifelte auch nicht daran, dass sie vielleicht latent wirksam gewesen war. Sollte es sich lohnen, einmal ganz unten anzusetzen, im Alltag, bei allem, was er tat und unterließ, um entspannt Raum für das Leben zu schaffen, das er mehr liebte als alles andere? Er glaubte an das Leben, ganz fest. Und er war sich sicher, dass jedes Leben sich lohnte.

Genug sollte ab jetzt für ihn in allem genug sein, und das hatte durchaus gut funktioniert. Die ersten Jahre nach seinem Klostereintritt hatten der begeisterten Suche nach Stabilität gegolten, ohne dass er das Gefühl gehabt hatte, auch nur irgendetwas zu verpassen. Im Gegenteil, die Ruhe und Regelmäßigkeit des Klosterlebens, der Sinn hinter allen kleinen Schritten des Alltags waren eine Quelle der Inspiration gewesen. Die Kraft,

Stabilität: Vom Bleiben

die ihm aus dem Klosterleben zuwuchs, lag darin, dass man jede noch so kleine Bewegung im Licht des »himmlischen Vaterlandes« verrichtete. Er dachte viel darüber nach, was mit diesem Vaterland gemeint sein könnte, las alte und neue Bücher voller Weisheit. Doch wissen tat er es nicht. Wohl fand er, dass es nicht nur um eine ferne Zukunft gehen konnte. Die Benediktsregel machte Mut. Schon im Prolog las er: »Wer ist der Mensch, der das Leben liebt und gute Tage zu sehen wünscht?« (RB Prolog 15). Es konnte nur um ihn gehen! Was es dann zu tun galt, folgte unmittelbar: »Willst du wahres und unvergängliches Leben, bewahre deine Zunge vor Bösem und deine Lippen vor falscher Rede! Meide das Böse und tu das Gute; suche den Frieden und jage ihm nach!« (RB Prolog 17). Die Ausrufezeichen versetzten ihn beinahe in Ekstase. Ja, das wollte er, ohne Wenn und Aber, und hier im Kloster wusste man, was zu tun war, jeden Tag und jede Stunde!

Bruder Paulus versäumte keines der Stundengebete in der Klosterkirche. Jeden Morgen stand er – entgegen seiner natürlichen Neigung – vor Tagesanbruch auf. Die Stille des Morgens, wenn alles noch schlief, hatte er tagaus, tagein als Geschenk erfahren. Keiner seiner Freunde und Bekannten konnte ihn auf diesem Weg begleiten, aber das störte ihn wenig. »Du warst ja schon immer eine Nachteule«, scherzte ein alter Kumpan, und spielte damit auf manche durchzechte Nacht in seiner Jugend an. Heute machte er die Nacht anders zum Tag. In der Stille des geschlossenen Raumes der Klosterkirche erlebte er eine Offenheit, die kein anderer Ort ihm früher hatte bieten können. Nein, dies war sein Weg, bis in alle Ewigkeit. Den Kampf mit der Bettdecke gewann er praktisch immer, und nie fielen ihm im Chorgestühl die Augen zu. Er kam sogar immer eine knappe halbe Stunde vor der Vigil, dem Gebet, das ursprünglich mitten in der Nacht stattfand und auch heute noch zu einer Zeit vollzogen wurde, die jene Bekannten aus ferner Vergangenheit als »mitten in der Nacht« bezeichnen würden. Er genoss die Stille, meditierte, war einfach da. Betete er? Diese Frage hatte ihn viel beschäftigt. Er wusste es nicht. Er wusste nur, was er tat, nämlich in der Kirche sitzen, schweigen, singen, hören. Der Himmel schien in diesen Momenten wirklich offen, das war ihm genug gewesen, es war alles für ihn. Ob das wohl schon Gebet war?

Natürlich hatte es auch weniger begeisternde Tage gegeben. Wie auch in seinem früheren Leben, in dem er nicht immer gleich gut gelaunt zur Arbeit gefahren war. Dennoch war es stets eine gute Zeit gewesen, in jedem Moment, auch in den schwierigeren. Bruder Paulus hatte gewusst, dass die Regel Recht hatte: Fang mit kleinen täglichen Verrichtungen an, denn der Teufel steckt im Detail. Auch wenn er sich unter dem »Teufel« wenig vorstellen konnte, war ihm doch klar, dass es durchzuhalten galt. Und er freute sich über seinen Erfolg, wenn er es trotz Müdigkeit und schlechter Laune schaffte, die halbe Stunde vor der Vigil in der Kirche zu sitzen und die Stille zu genießen. Die Wolken seiner Zweifel lösten sich auch schnell wieder auf, wenn er morgens aus dem Kirchenfenster schaute. Die Lichtstrahlen veränderten sich im Lauf eines Jahres. Im Winter schaute er in die Dunkelheit, im Sommer ahnte er die vorsichtigen, zarten Strahlen der aufgehenden Sonne in faszinierenden Farben. Und obwohl er nun seit seinem Eintritt ins Kloster immer am gleichen Ort geblieben war, zeigte sich für ihn die unendliche Weite des Lebens nirgends und zu keiner anderen Zeit als jeden Morgen genau hier und jetzt. Kein Zweifel, hier und jetzt war auf jeden Fall richtig, an guten wie an schlechten Tagen.

So war die Zeit vergangen. Der Rhythmus des Klosterlebens ging Bruder Paulus in Fleisch und Blut über, er wurde immer

Stabilität: Vom Bleiben

mehr zu dem, was er lebte. Sein Novizenmeister hatte ihn gefragt: »Ermüdet dich das Klosterleben? Oder trifft der Mittagsteufel dich noch nicht?« Er hatte ihm erklärt, dass die Wüstenväter und -mütter, jene ersten Mönche, die im vierten Jahrhundert in der ägyptischen Wüste zu geistlichen Aussteigern geworden waren, immer davor gewarnt hatten, dass irgendwann eine Ermüdung auftreten könnte, die sie *Akedia* nannten. Dieses Wort hatte Bruder Paulus noch nie gehört. Ein Satz des berühmtesten Theologen unter jenen Wüstenbewohnern, Evagrius Pontikus (345–399), lautete: »Der Dämon der Trägheit, der auch Mittagsdämon genannt wird, ist belastender als alle anderen Dämonen.« Bruder Paulus konnte sich durchaus vorstellen, dass irgendwann einmal die Luft raus sein würde. Auch bei seinen früheren Hobbys und Tätigkeiten hatte er zwischenzeitlich zuweilen die Lust verloren. Sein Klavierlehrer hatte dafür eine einfache Lösung parat: Durchhalten! Und genau so war es stets gewesen. Aber hier im Kloster? In dieser so übersichtlichen und zugleich heiligen Lebensweise? Nein, da hatte es für ihn keine Ermüdungserscheinungen gegeben. Eigentlich war das so geblieben. Bis heute kannte er die Frustration, das Gefühl, aufs falsche Pferd gesetzt zu haben, im Kloster nicht. Ohne Probleme konnte er seine morgendliche Wachheit aufrechterhalten, und er würde es bis zum Ende seiner Tage können.

Und doch stellte sich mit einem Mal eine merkwürdige Schwermut ein. Die Dunkelheit, die er morgens in der Kirche genossen hatte, war zur Finsternis geworden. Die Sonnenstrahlen, die im Kirchenraum ihr Spiel spielten, blendeten ihn. Wollte er lieber wieder ins Bett gehen? Nein. Wollte er das Kloster lieber wieder verlassen? Auch das nicht. Es ging also nicht um Ermüdung, sondern eher um Sinnlosigkeit. Die Lehre war für ihn irgendwann zur Leere geworden. Glaubte er nicht mehr daran, dass der Anfang gemacht war, um wirkliche Größe zu entdecken, indem er sich auf den kleinen Raum konzentrierte, der ihn so angezogen hatte? War er nicht glücklich und zufrieden mit seiner Entscheidung für eine Lebensform und daran genug zu haben? In den ersten Jahren hatte er sich morgens manchmal erschreckt, wenn er in seiner Zelle wach wurde. Er hatte es also tatsächlich getan. Er war Mönch geworden, hatte eine radikale Entscheidung getroffen. Wenn er seinen Habit, das schwarze Ordensgewand, dann angezogen hatte, war dies ein heiliges und zugleich unheimliches Gefühl gewesen. Doch jetzt war der Schreck verflogen. Als er mit einem alten Mitbruder darüber sprach, entgegnete dieser: »Wenn das Wunderbare normal wird, beginnt die eigentliche Herausforderung.« Für Bruder Paulus wurde die Stabilität plötzlich zur Starre.

Er begegnete sich selbst auf eine Art und Weise, wie er es zuvor nicht gekannt hatte. Er merkte, wie trügerisch die Offenheit des Blicks aus dem Kirchenfenster sein konnte. Denn was sah er? Sein eigenes Spiegelbild, und er fragte sich, warum er sich in Gottes Namen hier, in der Abtei mitten im Niemandsland, selbst eingesperrt hatte. Was war so toll daran, seinen Lebenssinn in einem zwar stimmigen, zugleich aber auch oft genug versteinerten Lebensrhythmus zu suchen? Er wusste mit einem Mal: Wenn man nicht zum »himmlischen Vaterland« eilte, wenn also das Kloster nicht nach oben hin offen war, wurde die Klosterzelle zu einem Gefängnis. Die Decke war ihm auf den Kopf gefallen. Es gab weiß Gott noch einen anderen Himmel als hier in der Enge, und der begann nicht erst nach dem Tod. Es gab noch andere Vorschriften als die zuweilen infantilen Regeln, die so weit gingen, dass man nicht mehr selbst bestimmen konnte, ob man sich ein Buch kaufte oder nicht, geschweige denn etwas anderes. Ermüdung war es nicht, sondern ein fundamentales Bewusstsein, dass auch das Aushalten kein Selbstzweck sein durfte. In der Beschränkung zeigte sich der Meister? Doch wohl nur dann, wenn noch genügend Raum für die eigenen Fähigkeiten und Sehnsüchte übrigblieb. Was mit ihm passierte, machte ihn traurig, und er suchte nach Auswegen.

All die verrückten Ideen, die extravaganten Erlebnisse, die sein Leben stets geprägt hatten, für sie schien es in den stabilen Bahnen, in denen er nun lebte, keinen Platz zu geben. Die Geister, die er gerufen hatte, wurde er nicht mehr los, und Stimmen aus längst vergessenen Zeiten begannen ihn zu rufen. Er wollte leben! »Soll ich mich mein Leben lang hier einsperren?«, so hatte er den Novizenmeister gefragt. »Wenn du es so erfährst, ist es vielleicht nicht dein Weg«, war die Antwort. Doch! Es war sein Weg, das wusste er genau. Es war nicht seine Art, von einem einmal eingeschlagenen Pfad abzuweichen. Außerdem war ihm alles, was er erreicht und getan hatte, nichtig erschienen. Er hatte es losgelassen und sein Tun in einen großen, einen unendlichen Zusammenhang stellen wollen.

Sein Name war Programm gewesen: Er war vom Saulus zum Paulus geworden! In seinem früheren Leben war er impulsiv, exzessiv, zuweilen destruktiv gewesen. Er bereute nichts, aber er war froh, dass sein Leben eine Grundlage und ein Ziel bekommen hatte. Sein Namenspatron hatte geschrieben: »Denn wenn ich das, was ich niedergerissen habe, wieder aufbaue, dann stelle ich mich selbst als Übertreter hin. Denn ich bin durch das Gesetz dem Gesetz gestorben, damit ich für Gott lebe. Ich bin mit Christus gekreuzigt worden. Nicht mehr ich lebe, sondern Christus lebt in mir« (Galater 2,18–20). Das war es doch, was ihn hierhergeführt hatte: nichts anderes zu tun, als für das letzte aller Ziele zu kämpfen? Das Kämpfen war dann auch nicht sein Problem. Aber das Ziel entglitt ihm mehr und mehr. Paulus hatte scheinbar ganz genau gewusst, was Sünde war. Man konnte ihr nur entgehen, wenn man der Welt, vielleicht sogar dem Leben, abschwor.

Bruder Paulus dagegen hatte sich immer schwer damit getan, wenn Dinge allzu schnell als »Sünde« abgestempelt wurden. Er hatte selbst nie das Gefühl gehabt, »sündig« zu sein, wenn er Dinge getan hatte, die den strengen Regeln der Kirche nicht entsprachen. Sünde war für ihn eher gewesen, wenn er dem Leben im Weg gestanden hatte. Tat er nicht genau das jetzt hier im Kloster? Noch schwieriger fand er, dass man sich offenbar selbst ganz verlieren musste, um wirklich offen sein zu können. Nicht nur, dass er es nicht so erfuhr, nein, er strebte auch nicht danach. Ihm war das Leben heilig. Sein eigenes Leben, seine Individualität, waren dafür der Ausgangspunkt. Mehr und mehr hatte er das Gefühl, dass das im Kloster, wie er es bis dahin erlebt hatte, nicht nur unerwünscht, sondern auch unmöglich war.

Er fürchtete sich davor, vom Paulus wieder zum Saulus zu werden. Er wurde innerlich vom Weltflüchtigen wieder zu einem Menschen, der das Leben liebte und sich kaum damit abfinden konnte, dass in einer so »abgeschnittenen« Lebensweise nur wenig davon übrigblieb. Der Himmel war hier auf Erden, überall, nicht nur im Kloster, und Christus konnte er jeden Tag auf unendlich vielen Wegen begegnen, nicht nur in seiner Zelle. Wer war überhaupt dieser Christus, dem Paulus von Tarsus seine ganze Existenz geopfert hatte? Und was wollte er von ihm? Und was hatte das, bitteschön, damit zu tun, dass er nichts anderes mehr tat, als, koste es, was es wolle, einen Tagesrhythmus aufrechtzuerhalten, der durch die Regel Benedikts bis ins Kleinste vorgeschrieben war?

Genau an diesem Punkt hatte das Jahr begonnen, in dem Bruder Paulus in den Abgrund blickte, der ihn beinahe verschlungen hätte. Denn er hatte sich immer wieder gebetsmühlenartig gesagt: »Ich *muss* alles, was mir bisher heilig war, loslassen. Ich *muss* den Sinn des Lebens hier in den unzähligen Stunden in der Klosterkirche und meiner Zelle finden.« Der Himmel hatte sich geschlossen und das Fundament gebebt, und wahrscheinlich hätte er sich nie wieder geöffnet und kein Stein wäre auf dem anderen geblieben, wenn nicht eine gute Freundin ihm irgendwann gesagt hätte: »Du *musst* überhaupt nichts!« Müssen war, so wusste er mit einem Mal, das Ende der Offenheit. Es war derselbe Wettlauf, von dem er sich ein für alle Mal verabschiedet hatte. Er wollte sich befreien und zugleich auf dem rechten Pfad bleiben. Er wollte sich nicht arrangieren, keine Nische finden. Er wollte mitten im Leben den großen Wurf wagen.

Konnte das gelingen, wenn man einfach nur die Füße stillhielt? Mitnichten. Es gab Tage, an denen er sich sicher war, nicht im Kloster bleiben zu wollen, und solche, an denen es ihm selbstverständlich erschien, sein Leben lang so weiterzumachen. Beide Klarheiten wechselten sich ab und führten sich gegenseitig ad absurdum. Weitermachen oder nicht, das war nämlich nicht die Frage, sondern wer er selbst eigentlich war. Nur als er selbst konnte Bruder Paulus das »himmlische Vaterland« finden, und Christus würde ihn nicht umarmen können, wenn er sich selbst aus dem Weg ging oder verstümmelte. Das hatte in jenem langen Jahr der Ausweglosigkeit so ziemlich alles infrage gestellt, was er bis dahin selbstverständlich gefunden hatte, einschließlich des Klosterlebens. Er dachte oft an seine Kindheit und Jugend in einem kleinbürgerlichen Milieu zurück. Er hatte sich nie darin zu Hause gefühlt, war ihm aber wohl auch nie ganz entronnen. Er hatte sich arrangiert. Seine Neigung zum Exzess hatte wohl genau damit zu tun gehabt, dass er sich eine Nische suchte, in der er endlich sein konnte, wer er zu sein meinte. Dass auch dieser Rebell nur eine Fratze gewesen war, die wenig mit seiner echten Sehnsucht zu tun hatte, war ihm nie aufgefallen. War nun auch die Entscheidung für das Kloster eine Nische, sein Habit in Wahrheit ein Kostüm?

Auch nach einem Jahr, in dem Bruder Paulus manches Mal tatsächlich wieder zum Saulus geworden war, konnte er nicht behaupten, dass er nun klarsah. Nein, nichts war stabil, der Himmel war immer noch geschlossen, die Regeln und die Skurrilität des Klosters gingen ihm vielleicht sogar mehr auf die Nerven als zuvor. Doch der Satz seiner Freundin hatte in seinem Innern zu gären begonnen: »Du musst überhaupt nichts!« Das stimmte doch nicht, oder? Er hatte doch Verpflichtungen, andere Leute verließen sich auf ihn. »Klar«, sagte die Freundin bei einem Besuch, »aber wenn du nicht mehr du selbst bist, kann sich niemand mehr auf dich verlassen, du selbst am allerwenigsten.« Die Selbstaufgabe, die ihm gepredigt wurde, war kein Ideal! Alles wegzuwerfen, was zuvor heilig gewesen und Freude gebracht hatte, das war die wahre »Sünde«. »Ich werde jetzt zum zweiten Mal vom Saulus zum Paulus«, sagte er seiner Freundin. »Das erste Mal habe ich der Welt die Leviten gelesen, indem ich mich ins Kloster zurückgezogen habe. Jetzt lese ich meinem eigenen Klosterleben die Leviten, indem ich die Welt umarme.«

Es war ein Sommerabend gewesen, an dem sie neben der Klosterkirche auf Stühlen gesessen hatten, beide Beine auf dem Boden. Er beobachtete, wie die Abendsonne auf die Fenster der Kirche schien, und er wusste genau, wie das von innen aussah. Gleich würde er es im Abendgottesdienst sehen. Hatte er zuvor die Außenseite vergessen? Wie dem auch sei, er erinnerte sich jetzt an die Wärme und die Helligkeit an unzähligen Abenden wie diesem, irgendwo anders. Wollte er zurück? Nein. Nichts zog ihn mehr an die Orte seines früheren Lebens, weder das miefige Nest, in dem er aufgewachsen war, noch die schmierigen Spelunken, in die er sich geflüchtet hatte, und schon gar nicht die schicken Hotels, in denen er bei Kongressen seinen nächsten Erfolg gefeiert hatte. Wollte er weitermachen wie bisher? Nein. Er konnte sich selbst nicht verleugnen. Der heilige Paulus mochte davon halten, was er wollte, aber Bruder Paulus würde sich nicht selbst vergessen. Er würde nicht alles aufgeben, was bis zu seinem vierzigsten Lebensjahr gewachsen war, auch nicht seine Kreativität. Hier stand er und konnte nicht anders, als er selbst zu sein, ein autonomer Mensch, ein Individuum mit einem eigenen Willen und vielen Ängsten und Hoffnungen! Würde das gehen? Er wusste es nicht, aber er war für einen Moment wieder glücklich im Kloster seines Lebens.

Was machte er hier noch? Der Satz seiner verrückten Hoffnung und seines aberwitzigen Glaubens kam immer wieder zurück und wurde zu seinem Mantra: »Wenn der Himmel sich zu schließen droht, kann ein kleiner Ort auf Erden genug sein, um die Welt zu retten.« Nicht die Welt zu verlassen oder zu verurteilen. Nicht das höchste aller Ziele, das nur entrückten Seelen zugänglich ist. Nein, ein kleiner Ort, an dem man sein Bestes gibt. Aber dann eben auch *sein* Bestes. Bruder Paulus wusste, dass das nicht einfach sein würde. Er würde sich nicht nur Freunde machen. Das Unverständnis seiner Freunde dem ersten Paulus gegenüber, der der Welt die Leviten gelesen hatte, würde dem Unverständnis seiner Mitbrüder und anderer Menschen im Kloster jenem zweiten Paulus gegenüber weichen, der ein anderes Klosterleben versuchen wollte. Es war das einzig mögliche. Er blieb.

Wirklich große Entscheidungen trifft man nicht selten aus einer ausweglosen Situation heraus, in der alles infrage gestellt wird. Man streckt sozusagen die Hände zum Himmel aus. Beruf, Beziehungen, Wohnort, Engagement – wer wirklich einen Schritt setzt, braucht Idealismus, und oft zeigt er sich an Scheidepunkten. Genau wie Bruder Paulus wird man dann jedoch früher oder später mit der Frage konfrontiert, ob es wohl die richtige Entscheidung war. Jede Entscheidung bedeutet nämlich, die Welt zunächst einmal kleiner zu machen und loszulassen. Das eine zu tun, heißt, das andere zu lassen. Wie auch immer man sein Leben gestaltet, immer kann nagender Zweifel einen wieder in eine Misere stürzen, vielleicht heftiger als zuvor. Dann verliert man seine Stabilität, der Himmel scheint in weite Ferne zu rücken, und aus mancher rosa Wolke hat es schon gegossen wie aus Eimern. Es ist kein Zufall, dass Entscheidungen in unserer heutigen Zeit eine kürzere Haltbarkeit zu haben scheinen als noch in den Generationen unserer Großeltern und Eltern. Was mit großer Begeisterung und im festen Glauben, das einzig Richtige zu tun, begann, scheint irgendwann zu eng, zu einseitig und sinnlos zu sein. Diese Erfahrung ist wohl unvermeidlich, und es hat sie schon immer gegeben.

Habe ich mich für den richtigen Beruf entschieden, den richtigen Partner gewählt? Will ich mich tatsächlich dauerhaft engagieren? Solche Fragen werden uns von Zeit zu Zeit immer wieder zum Nachdenken bringen. Und das ist auch gut so. Was man dann mit diesen Gedanken macht, ist eine andere Sache. Wo die Großeltern noch in dem Bewusstsein lebten, dass eine einmal getroffene Entscheidung endgültig sein muss, auch wenn es schwerfällt, ist das heute nicht mehr selbstverständlich. Es wäre zu einfach, eine der beiden Haltungen – Wechselhaftigkeit oder Nibelungentreue – als gut, die andere als schlecht zu qualifizieren. Denn es kann sicherlich falsch sein, wenn man gleich beim ersten Zweifel alles hinwirft und davonläuft. Aber es kann auch zu viel Unglück und gar zu Tragödien führen, wenn man um jeden Preis durchhält. Das Kloster steht für Stabilität, vielleicht Ewigkeit. Viele Menschen sehnen sich nach einem solchen Raum. Es wäre jedoch auch naiv, wenn man die Augen davor verschließen würde, dass es hier ebenso Krisen, Scheitern und andere mögliche Wege und Entscheidungen gibt.

Die Erfahrungen von Bruder Paulus stehen sinnbildlich für das »Kloster« im Leben vieler Menschen, auch wenn es keine Abtei ist, sondern vielleicht eine Familie, Beziehung, Arbeitsstelle oder ein ehrenamtliches Engagement. Wenn man den Himmel, den man stürmen wollte, nicht mehr sehen kann, reicht es nicht, dies als vorübergehende Ermüdung abzutun, die man bekämpfen kann, indem man stur durchhält. Das endet in den allermeisten Fällen in Frust und Verbissenheit. Mit beidem kann man auf Dauer nicht leben – oder zumindest kein Leben führen, mit dem man zufrieden sein kann.

Was bedeutet es für mich, das »Kloster« in meinem Leben zu gestalten, *stabilitas* zu leben, zu bleiben – vielleicht auch, mir treu zu bleiben? Nach welchem Himmel sehne ich mich, wenn ich mich mit Haut und Haaren in meine Familie, eine Beziehung, meinen Beruf oder ein Engagement hineinbegebe? Durch was wird diese Perspektive verstellt? Eine entscheidende Frage, die für Bruder Paulus allem zugrunde liegt, ist, ob er seinem eigenen Ziel noch entspricht. Eine Grenze ist für ihn eigentlich erst erreicht, wenn er selbst und dasjenige, was ihm gefällt, keinen Raum mehr bekommen. Hier kommt es zur eigentlichen Gegenbewegung in seiner klösterlichen Biografie. Er kann nicht akzeptieren, dass es ein Ideal sein soll, sich einem vorgegebenen Weg, einer vorgegebenen Lebensweise oder einem vorgegebenen Lebensrhythmus zu fügen, die zum Zwang werden können. Da die Entscheidung für das klösterliche Leben jedoch beinhaltet, dass man andere Wege für immer verlässt, landet er in einer Sackgasse, aus der es keinen Ausweg zu geben scheint. Kein Licht am Ende des Tunnels. Wann werden meine Lebensumstände zu einer Sackgasse? Wo habe ich das Gefühl, nicht wirklich ich selbst sein zu können?

Bruder Paulus trifft dann erneut eine mutige Lebensentscheidung, die zweite nach seinem Klostereintritt. Damit erreichen wir das Unerhörte seiner Geschichte: Er akzeptiert weder, dass er nicht in seinen Lebensraum Kloster passen könnte, noch dass er sein eigenes Ziel verleugnen muss. Eine skandalöse Spannung! Und doch ist sie der Weg seiner Berufung, eine innere Stabilität, die er zuvor noch nicht hatte. Kann ich mich selbst hingeben, indem ich ganz ich selbst bin? Habe ich den Mut, Selbstverständlichkeiten loszulassen, weil mir keine andere Wahl bleibt, wenn ich denn bleiben will? Wenn ich feststelle, dass ich mich an meiner Arbeitsstelle nicht verwirklichen kann, was eigentlich mein Traum ist. Wenn ich merke, dass ich in einer Stadt wohne, die mich krank macht. Wenn ich mich entschieden habe, selbst für hilfsbedürftige Menschen in meiner Umgebung zu sorgen, es aber nicht kann. Einfach das Ruder herumzureißen bedeutet dann, mir untreu zu werden und wirft mich aus der Bahn. Nichts zu tun, erstickt meine innere Sehnsucht. Stabilität bedeutet, die Spannung zunächst auszuhalten und offen dafür zu sein, was sich ereignet. Gerade etwas länger durchhalten, als man eigentlich zu können meint, und doch einen Schritt zu wagen, bevor man sich zerreißt.

Einen schnellen oder einfachen Weg, mit dieser Spannung umzugehen, findet Bruder Paulus nicht. Aber das Signal eines *autonomen Bleibens* ist ein Sinnbild für modernes Klosterleben und für jedes moderne Leben, das seiner Berufung treu bleibt. Der Himmel ist nicht gleich wieder offen, wenn man einmal die naive Erwartung loslässt, dass er sich einfach aufschließen ließe, wenn man Regeln folgt. Regeln sind gut und richtig, aber sie setzen voraus, dass man vor allem aufrecht daran festhält und sie nicht wieder zu einem Galopp werden lässt, einem Wettbewerb, der ermüdet und uns sinnentleert zurücklässt. Gerade wenn in unserer Zeit Lebensentscheidungen in allen Lebensphasen möglich sind, kann man nicht so tun, als würde man bei null beginnen. Dann würde man vom Saulus zu einem Paulus, der genauso fanatisch ist wie zuvor. Man muss zum »zweiten Paulus« werden, der nach der ersten Enttäuschung tatsächlich versucht, den Himmel nicht aus den Augen zu verlieren – und bleibt. Die Geschichte von Bruder Paulus gibt zu denken – allen, die in ihrem Leben der Lebensform, für die sie sich entschieden haben, treu bleiben wollen. Einen einfacheren Weg zum Himmel gibt es wohl nicht – und auch keinen schwereren.

Einsamkeit:
Vom Alleinsein

Wer in Einsamkeit lebt, kann dafür sehr unterschiedliche Motive haben. Neben der Einsamkeit, vor der viele sich fürchten, gibt es auch jene Formen, die man bewusst sucht. Im Mönchtum ist die Einsamkeit ein zentrales Motiv. Über den heiligen Benedikt, der zeitweise als Einsiedler in einer Höhle bei Subiaco wohnte, heißt es in seiner Vita: »Dann kehrte er an die Stätte seiner geliebten Einsamkeit zurück. Allein, unter den Augen Gottes, der aus der Höhe herniederschaut, wohnte er in sich selbst *(habitare secum)*« (Vita Benedicti 3,5).

Was wie ein hehres Ideal klingt, birgt jedoch auch Gefahren. Viele Menschen, die freiwillig oder unfreiwillig einsam leben, wissen, dass man bei aller Neigung zur Weltflucht schnell zum Zyniker werden kann, wenn man dem Leben aus dem Weg gehen will oder muss. Einsamkeit kann Tiefe bedeuten, aber sie kann den Menschen auch zerreißen. Darum warnt Benedikt in seiner Regel davor, die Einsamkeit allzu leichtfertig zu umarmen. Wer sie wirklich leben will, darf nicht vor dem Leben fliehen: »Nicht in der ersten Begeisterung für das Mönchsleben, sondern durch Bewährung im klösterlichen Alltag und durch die Hilfe vieler hinreichend geschult, haben Einsiedler gelernt, gegen den Teufel zu kämpfen« (RB 1,3–4). Wenn die Einsamkeit unserer Angst entspringt und zur Flucht vor Nähe wird, gibt sie dem Leben keine Tiefe, sondern wird sie selbst zur Flucht vor dem Leben.

Gerade junge Menschen suchen nach sinnstiftenden Erfahrungen, die sie in ihrer Umgebung längst nicht immer finden, wenn sie sie am dringendsten bräuchten. Enttäuschungen, Verlusterfahrungen oder vermeintliche Niederlagen sorgen dafür, dass die Schotten dichtgemacht werden. Aber auch in späteren Lebensphasen können traumatische Erlebnisse unsere Persönlichkeitsstruktur beeinflussen und zu einem Fluchtverhalten führen im Sinne einer Suche nach Sicherheit oder einem Rückzug. In beiden Fällen flieht man vor den Wunden, die einem geschlagen wurden, ins Alleinsein.

Heute findet man gerade in den Klöstern manche Menschen, die wegen solcher Wunden den Weg in die Einsamkeit suchen. Oft gehen das verzweifelte Verlangen nach Sinn und die zynische Distanz zur Welt dabei Hand in Hand. Gerade Orte wie Klöster bieten seit jeher verwundeten Menschen einen Raum, in dem sie sich ihrer Wunden nicht schämen müssen. Die Fallgruben der Verzweiflung und des Zynismus sind jedoch immer dann lebensgroß, wenn die Flucht bedeutet, die Augen vor den eigenen Wunden zu schließen. Die Welt loslassen zu wollen, weil man meint, ihr nicht gewachsen zu sein, kann dann zur Gefahr werden. Alleinsein ist nur heilsam, wenn man zunächst gelernt hat zu leben. Verzweiflung und Zynismus können in schwierigen Situationen, die ausweglos erscheinen, wie Blitze abwechselnd in unser Herz und unseren Verstand einschlagen. So ist es auch bei Nick in der folgenden Geschichte, der in die Einsamkeit des Klosters flüchten wollte und letztlich seinen Weg wieder heraus neu finden musste.

Nick

Nick war ein junger Mann, der dem Leben und den Menschen, die ihm begegneten, misstraute. Das war eigentlich schon immer so gewesen. Schon früh hatte er gelernt, dass man sich auf nichts verlassen konnte. Nicht auf andere und letztlich auch nicht auf sich selbst. Freunde hatte er keine, doch das war ihm auch nicht wichtig. Er hatte sich hinter einer Maske verborgen, die ihn bei anderen durchaus beliebt machte, es aber nicht zuließ, dass jemand dahinter schaute. Es war die Oberflächlichkeit, die ihm das Leben bis jetzt gerettet hatte, die Flucht nach vorn, die eigentlich ein Rückzug war. Ein ganz normaler Junge, so dachten alle. Talentiert, offen für Neues, freundlich, angenehm. Was ihm wirklich angenehm war, interessierte die Leute aber nicht, da war er sich ganz sicher. Darum interessierte er sich nicht für sie, tat aber so, als wären sie ihm wichtig. Misstrauen als Lebensweise hatte ihn den Sinn des Lebens schon früh aus den Augen verlieren lassen. Denn das Suchen nach Sinn erschien ihm riskant, es brachte Dinge in Bewegung, die er lieber im Stillstand wusste.

Er hatte zunächst mit Anlaufschwierigkeiten studiert, doch danach scheinbar die richtige Spur gefunden. Er folgte seinem Interesse, seinem Talent zum Lesen und zum Lernen. Er hatte gute Noten und bekam viel Lob von Dozenten und Kommilitonen. Er hatte sogar eine Beziehung, die er als gut empfand. Dennoch hielt sie nicht. Nichts hielt, nichts war von Dauer, das war seine Erfahrung. Immer, wenn er einen Schritt nach vorne tat, wusste er im Innersten schon, dass sein Misstrauen siegen würde. Das lag sicher nicht immer an den anderen, Nick schrieb es auch sich selbst zu, dass er allein zurückblieb. Es war nicht schön, soziale Niederlagen zu erleiden. Doch wenn er ehrlich war, gefiel er sich zuweilen auch in seiner Haltung. Sie gab ihm Unabhängigkeit von einer Welt, die ihm eigentlich zuwider war, mit der er sich aber durchaus arrangieren und in der er den angenehmen Zeitgenossen mimen konnte. In diesen Momenten spielte er seine Rolle so gut, dass er selbst daran glaubte – wenn da nicht die Angst gewesen wäre.

Diese Angst war anders als das Misstrauen, das ihm zur Haltung geworden war. Sie nahm ihm buchstäblich die Luft zum Atmen. Die Flucht hinter die Maske der Oberflächlichkeit konnte das Misstrauen kaschieren, nicht jedoch die Angst. Als seine Beziehung in die Brüche ging, war ihm klar, dass das Leben nichts anderes war als eine Flucht vor der Angst, ohne Sinn und Ziel. Er zog sich immer weiter zurück, in seine eigene innere Zelle, ohne dass andere etwas davon merkten. Niemand sah die Einsamkeit, die er sich schuf, und das war gut so. Er lachte mit allen, amüsierte sich, interessierte sich, aber wirklich freuen konnte er sich nie. Freude würde bedeuten, sich etwas hinzugeben, Feuer und Flamme zu sein. Undenkbar! Nichts lag ihm ferner. Es war ihm unmöglich. Er konnte Nähe nicht zulassen, das hätte seinem Wesen nicht entsprochen. Wenn jemand ihm nah sein wollte, dann zeigte sich seine kalte Seite, er wies brutal alle ab, die ihre eigene Not gerne mit ihm geteilt hätten. Eine Freundschaft konnte daran zerbrechen. Besser noch für ihn: Sie kam gar nicht erst zustande.

So konnte man leben. Und doch auch nicht. Wohl ließ sich der Zustand des Lebens auf der Flucht kultivieren. Das hatte er zu seinem absurden Lebensziel erkoren. Und seine Liebe zu Büchern – ein risikoloses Wagnis – kam ihm dabei zur Hilfe. Nick las, und zwar alles, worin er sich wiedererkannte. Seine »Bibel« waren die Bücher des portugiesischen Schriftstellers Fernando Pessoa (1888–1935), der unter diversen Pseudonymen eine wunderbare Sprache für das entwickelt hatte, was er fühlte. In seinem »Buch der Unruhe« hatte Pessoa über den Hilfsbuchhalter Soares geschrieben. Dieser lebte in völliger Einsamkeit. Er ging einer trivialen Arbeit nach, der er zwar gerecht wurde, die ihn aber nicht interessierte. Düster und schwermütig huldigte Pessoa in seiner genialen Prosa der Absurdität seines Lebens. Vor allem verabscheute er die Welt, die Menschen. So sehr Nick sich auch dahinter versteckte, dass ihn nur Sprache und Gedanken des portugiesischen Miesmachers fesselten, so genau wusste er doch, dass es die einsame Lebensform des im Schreiben Anwesenden war, mit der er sich insgeheim identifizierte.

Manche hielten es vielleicht für bemitleidenswert, wenn man so als Einsiedler mit einem Bein in der Welt sein Dasein fristete. Es hatte aber auch etwas Erhabenes und Überlegenes. Doch bei Nick war da auch Verzweiflung unter der Oberfläche der Verachtung all dessen, vor dem er floh – ähnlich wie bei Pessoa, der, auch wenn er sich in seinem stillen Kämmerlein der Welt überlegen glaubte, unter seinem Leben litt. Immer und immer wieder las Nick Pessoas kurze Textfragmente. Bei einem blieb er hängen: »Doch bisweilen bin ich ein anderer, dann weine ich Tränen, heiße Tränen wie Menschen, die keine Mutter haben und nie hatten; und meine Augen, die von diesen toten Tränen brennen, brennen im Innern meines Herzens.« Nick hatte eine Mutter, sie stand ihm nahe und war eine gute Mutter. Aber ließ er ihre Gegenwart zu, wenn es wirklich um seinen Kern ging? Tränen waren ihm fremd, er weinte nicht wie Soares, aber das Gefühl, das Brennen im Herzen, kannte er nur zu gut. Nicht immer, nicht oft und nicht vorhersehbar gab es tatsächlich Momente, in denen die Absurdität zur Verzweiflung wurde. Denn zuweilen war es die eigene Flucht, die ihn in den Abgrund stürzte. Die scheinbare Offenheit verschlang ihn. Er suchte etwas, aber er wusste nicht, was. Dann konnte er seine Distanz nicht mehr aufrechterhalten und er suchte Zerstreuung in oberflächlichem Spaß, den er eigentlich verachtete. Auch das las er: »Ich reiße von meinem Hals eine Hand, die mich erstickt. Und sehe, dass meine eigene Hand, die soeben die andere wegriss, mir zugleich mit der Geste der Befreiung eine Schlinge um den Hals gelegt hat.«

Irgendwann ging es nicht mehr. Nick hatte das Gefühl, dass sein Leben aus den Fugen geriet. Es brauchte einen größeren Zusammenhang, einen Halt, einen Sinn. Für Soares, den Buchhalter in Pessoas Geschichte, war das, ob er es wollte oder nicht, die Religion: »Wir können mit dem Leben einzig im Einklang sein, wenn wir mit uns selbst im Missklang sind. Das Absurde ist das Göttliche.« Wie konnte es sein, dass man gerade im Absurden, im Sinnlosen Sinn erfuhr? War es nicht der klassische Lückenbüßer, der hier als »Gott« die Bühne betrat? Konnte aus der Not geboren werden, was zur Harmonie, Ruhe und Ausgeglichenheit beitrug? Und wie sollte das denn bitte gehen, den Dreh vom Strudel der Verzweiflung hin zur Erhabenheit des Göttlichen zu schaffen? Der Buchhalter sah sich gerade wegen des alles mit in die Tiefe reißenden Strudels gezwungen, ein asketisches, einsiedlerisches Leben zu führen: »Was bleibt jemandem, der wie ich lebendig ist und doch kein Leben zu haben versteht – ebenso wie den wenigen Menschen meiner Art –, anderes übrig, als der Verzicht als Lebensweise und die Kontemplation als Schicksal?« Nick fühlte sich davon magisch angezogen. Zugleich – er war noch jung – glomm in ihm das Verlangen nach Leben immer wieder auf. Er suchte sich Ventile und fand sie nicht. Soares hatte die Religion nie wirklich für sich gewinnen können, aber davon geträumt, genau wie Nick.

In den Aufzeichnungen Pessoas fand Nick das Motiv des Klosters: »Und mit einem Mal spüre ich die Erhabenheit des Mönchs in der Einsamkeit, des Eremiten in der Einöde, der weiß, dass Christus in den Steinen anwesend ist und in weltabgeschiedenen Höhlen.« Diesen Passus hatte er vorher immer überlesen. Jetzt fiel es ihm wie Schuppen von den Augen: Das musste es sein, er musste ins Kloster gehen, denn sonst wäre er verloren. Christus war sein Retter, nur er konnte ihn finden, und zwar hinter Klostermauern. Pessoa sprach stets von einer Herberge, die das Leben sei: »Ich betrachte das Leben als eine Herberge, in der ich verweilen muss, bis die Postkutsche des Abgrunds eintrifft. Ich weiß nicht, wohin sie mich bringen wird, denn ich weiß nichts.« So war es, und so konnte es sein, wenn man tatsächlich die Entscheidung traf, sich ganz in sich zurückzuziehen. Das Nichtwissen ließ sich in der Einsamkeit ertragen. Auch wenn Soares, der Buchhalter, nie ein wirkliches Kloster bewohnt hatte, so lebte er doch im sinnbildlichen Kloster seiner kleinen Wohnung, in der er sich der Welt entzog. Nick würde es noch besser machen als der Buchhalter, denn die Buchhaltung würde ihm erspart bleiben. Er würde ein echtes Kloster aufsuchen, sich dort niederlassen. Dort würde er allein all das tun können, wobei ihm jetzt die Welt im Weg stand.

Das Kloster, seine Fluchtburg, bot ihm Raum, wo es eigentlich keinen Raum gab. Sie half ihm, der zu sein, der er nirgends anders sein konnte. Dazu brauchte er einen Unterschlupf. Auch das hatte er bei Pessoa gelesen, für den das ganze Leben eine Art Unterschlupf gewesen war: »Ich könnte diese Herberge als ein Gefängnis betrachten, weil ich gezwungen bin, in ihr zu warten; ich könnte sie auch als einen Ort der Geselligkeit ansehen, weil ich hier anderen Menschen begegne. Doch bin ich weder ungeduldig noch gewöhnlich.« So war es auch mit Nick.

Er konnte dem gewohnten Leben nicht zusagen, er war nicht gewöhnlich. Er konnte durchaus warten, war nicht ungeduldig. Nichts musste schnell gehen, wenn er an sein Ideal des Klosters dachte. Dort würde er alle Zeit der Welt haben und den Ort finden, nach dem er sich schon so lange sehnte. »Ich überlasse die ihrer Neigung, die sich in ihr Zimmer einschließen, träge aufs Bett sinken und dort schlaflos warten, so wie ich auch die ihrem Treiben überlasse, die sich in den Salons unterhalten, aus denen Stimmen und Musik zu mir dringen und mich angenehm berühren. Ich setze mich an die Tür und berausche mich mit Aug und Ohr an den Farben und Tönen der Landschaft und singe langsam, für mich allein, undeutlich Lieder, die ich während des Wartens komponiere.« Der Buchhalter Soares war ein wahrer Lebenskünstler, der auf alles pfiff, was ihn in Gefahr bringen konnte. Nur wer er eigentlich war, das wusste keiner, am wenigsten er selbst.

In vielen langen Nächten träumte Nick mit Soares vom Leben im Kloster. Er suchte nicht den Wettbewerb nach dem Studium. Es graute ihm vor der Prozedur, den üblichen Weg zu gehen – sich auf eine Arbeitsstelle zu bewerben, dann auf die nächste, und immer weiter an seinem Weg und seiner Karriere zu bauen. Das alles war ihm schlicht zu normal. Er suchte das Ungewöhnliche, und zwar allein. War das möglich? In seinem geliebten Buch klang Soares manchmal recht niedergeschlagen: »In meinem Herzen herrscht ein beklemmender Friede, und meine Ruhe ist Resignation. Die nächtliche Seligkeit, groß zu sein, ohne etwas zu sein!«

War er gläubig geworden, weil er im Absurden das Göttliche sah? Nicht wirklich, eher war Gott der Garant für seinen Fluchtweg. Musste es ihn nicht allein darum schon geben? Aus der absurden Vermutung wurde ein Postulat seines weiteren Weges:

Er würde Gott brauchen, wenn er dem Leben, dem er nicht vertraute, Herr werden wollte. Sein nüchterner Verstand sagte es ihm, und so wurde sein Postulat heilig: Diesen Gott zu suchen, ist mein Weg. Ich muss ins Kloster gehen, um das tun zu können, denn die Welt bietet mir keinen Raum. Ich muss es allein tun.

So klopfte er im Kloster an, das er zufällig in der Nähe entdeckte, klein und unscheinbar. Er kam sich fehl am Platz vor. Wenn er sich jedoch auf sein Gästezimmer zurückzog, ahnte er, dass die Flucht gelingen könnte. Flucht bedeutete hier, sich verstecken zu können vor allem, was bedrohlich, verwirrend oder langweilig war. Der Weg führte immer zurück in die Einöde. Die Welt wurde klein und genau das befreite ihn von der Beklemmung, die die Angst in ihm auslöste. Es war wie eine Wiedergeburt. Wie schlecht es doch dem Buchhalter Soares ergangen war, dass ihm die Möglichkeit eines echten Klosters verwehrt geblieben war, dachte Nick. Er dankte Gott, dass es bei ihm jetzt anders war. Das Leben im Kloster war der Weg, auf dem er endlich sein konnte, wer er wollte.

Wenn sein Misstrauen nicht irgendwann seine Flucht in die Einsamkeit vereitelt hätte, wäre vielleicht tatsächlich alles gut gewesen. Doch die Sicherheit war nicht von Dauer. Auch seiner Wiedergeburt misstraute er nämlich insgeheim. Er konnte einfach nicht glauben, dass das Kloster sich als ein Ort erwies, an dem man sich ganz hingeben musste, vielleicht noch mehr als in der Welt, die er loslassen wollte. Die Angst kam zurück, und mit ihr das Zaudern und die Schwermut.

Während seiner Zeit als Gast im Kloster las Nick mit einem der Brüder, die dort lebten, in der Bibel. Zunächst sträubte er sich etwas dagegen, denn seine Lektüre hatte bisher eher in Büchern bestanden, in denen er sich direkt wiedererkannte. Er machte mit, weil er den Bruder nicht enttäuschen wollte und weil er fand, dass es nicht schaden könne. Er hatte sich nie Gedanken über seinen Namen gemacht, doch hier fand er eine Textstelle, in der jemand so ähnlich hieß wie er selbst: Nikodemus, der Pharisäer. Er hatte nie zuvor von dieser Gestalt in der Bibel gehört. Es ging um ein nächtliches Gespräch mit Jesus, das irgendetwas in ihm berührte. Nikodemus spricht Jesus auf seine göttliche Vollmacht an: Wie kommt es, dass da jemand Dinge tut, die eigentlich unwirklich und unerhört erscheinen? Jesus antwortet ihm, dass er selbst auch ein geistliches Leben führen müsse, um den Himmel betreten zu können: »Amen, amen, ich sage dir: Wenn jemand nicht von oben geboren wird, kann er das Reich Gottes nicht sehen.« Nick fragte sich, ob das Kloster so eine Art »Wiedergeburt von oben« war. Wenn er tatsächlich Mönch würde, wäre dann gewährleistet, dass er dem Leben trauen konnte? Die Unruhe in seinem Inneren sagte ihm etwas anderes. Auch sein Namensvetter in der Bibel hatte wohl diese Art von Unsicherheit gespürt, sonst wäre er nicht mitten in der Nacht zu Jesus gekommen. »Nikodemus entgegnete ihm: Wie kann ein Mensch, der schon alt ist, geboren werden? Kann er etwa in den Schoß seiner Mutter zurückkehren und noch einmal geboren werden?« Wie sehr hätte Nick sich gewünscht, vertrauen zu können wie ein kleines Kind. Aber er konnte es nicht.

Das Misstrauen der Welt gegenüber war etwas anderes als eine Wiedergeburt, wie Jesus sie Nikodemus in Aussicht stellte. Was er im Schutz der Dunkelheit zu erkunden suchte, brauchte Vertrauen und kein Misstrauen, Mut und keine Angst. Und mutig war Nick nicht. Sein Wunsch, sich ins Kloster zurückzuziehen, war nicht mutig, sondern feige. Er wollte vor dem Leben davonlaufen, nicht weil er es hasste, sondern weil er es fürchtete.

Sollte es wirklich Zufall sein, dass sein Name ihm hier wie ein Omen begegnete? In der Bibel ging es nämlich nicht um einen vorweggenommenen Tod, sondern eben um ein neues Leben voll Begeisterung und Kraft: »Jesus antwortete: Amen, amen, ich sage dir: Wenn jemand nicht aus dem Wasser und dem Geist geboren wird, kann er nicht in das Reich Gottes kommen. Was aus dem Fleisch geboren ist, das ist Fleisch; was aber aus dem Geist geboren ist, das ist Geist« (Johannes 3,3–6). Als Nicks Eltern seinen Namen ausgesucht hatten, hatten sie dabei sicher nicht Nikodemus aus dem Johannesevangelium im Blick. Aber jetzt kam es ihm so vor, als sollte sein biblischer Namensvetter ihm die Augen öffnen. Doch er konnte sich beim besten Willen nicht vorstellen, was mit diesem »Geist« gemeint war, von dem Jesus hier sprach.

Trotzdem verbrachte Nick immer mehr Zeit im Kloster, an dessen Tür er geklopft hatte. Auch hier war er bei allen beliebt. Eigentlich war sein Leben nicht so viel anders als während seines Studiums, nur dass er hier tatsächlich mehr in Ruhe gelassen wurde. Keiner störte ihn, wenn er sich in sein Zimmer zurückzog. Pessoas Zeilen sprachen ihm mehr denn je aus der Seele. Er hatte den Ort gefunden, wo er noch einfacher als der Buchhalter Soares sein konnte, was er wollte: einsam und nichts. Das Bedürfnis des Buchhalters, ein ganz anderer zu sein, die Tränen mitten in der Nacht, berührten Nick jetzt weniger. Er war sich sicher, dass diese hier nicht mehr nötig waren. Das Absurde fand seine göttliche Legitimation. Eigentlich hätte er während dieser Zeit schon wissen können, dass er sich selbst und auch den Geist, auf den er hoffte, belog. Denn die »unfreiwillige Kontemplation«, über die Pessoa geschrieben hatte, lud sich nicht von allein mit Geist auf. Trotzdem setzte Nick immer weitere Schritte in Richtung des Klosterlebens. Schließlich trat er in den Orden ein, und es fiel ihm nicht schwer, sich in die Ordnung einzufügen.

Die Zeit verging schneller und war weniger anstrengend, als wenn er einer Arbeit und sozialen Kontakten hätte nachgehen müssen. Und doch war das Gefühl, fliehen zu wollen, auch im Kloster immer wieder zurückgekehrt. Wie ein Fieber befiel es ihn in der Nacht, nur sehnte er sich jetzt nicht mehr nach der Kontemplation, sondern nach der großen weiten Welt. Er würde sich doch nicht den Rest seines Lebens hier verkriechen? Nichts ließ ihn sich beengter fühlen als dieser Gedanke. Wenn er ehrlich war, bedeutete ihm der »Geist« nichts. Wie konnte er dann auch aus dem Geist »wiedergeboren« werden? Ihm fehlte einfach das Vertrauen. Was er losgelassen hatte, war vielleicht doch, worum es ging? Das scheinbar Kleine wurde auf einmal riesengroß, und das machte ihm noch mehr Angst als sein vorheriges Leben. Eigentlich konnte er mit niemandem darüber reden. Hatte er sich nicht ganz bewusst so weit in die Einsamkeit zurückgezogen, um niemandem Rechenschaft schuldig zu sein? Er bereute es nicht, doch er konnte sich nicht dauerhaft im Kloster verstecken. Dass er sich dann eine Niederlage eingestehen musste, scherte ihn wenig. Aber er fürchtete sich vor den neuen Schritten, die das Leben ihm abverlangen würde.

So kehrte Nick nach ziemlich kurzer Zeit aus dem kleinen Kloster wieder in die große, weite Welt zurück. Es war sicherlich die zu erwartende Flucht vor der Flucht, die letztlich kein stetes Leben zuließ. Doch da war auch noch etwas anders. Er wusste jetzt zumindest besser, was er suchte und was sein Namenspatron ihm zu sagen hatte: Wenn man ein neuer Mensch werden will, dann braucht man dazu Begeisterung und keine Angst. Eine Begeisterung, die tiefer reicht als nur die Scheinsicherheit einer Fluchtburg. Auch das krampfhafte Loslassen musste Nick also wieder loslassen. Er würde nie ein Mensch sein, der mit beiden Beinen mitten im Leben steht, immer würde er Abstand halten: zu anderen und zu den Aufgaben, die sich ihm auf seinem Lebensweg stellten.

Nach seinem Austritt musste er jedoch häufig an die Brüder im Kloster denken. Oft hatte er sie beinahe verklärt betrachtet: Sie waren die wahren Lebenskünstler. Zuweilen hatte er sie belächelt, denn er sah von seinem Fluchtpunkt aus, wie wenig sie dem Ideal des kontemplativen Lebens entsprachen. Wenn er jedoch eines von ihnen gelernt hatte, war es die Hoffnung. Wie war es möglich, dass diese Männer, die einsam miteinander lebten, doch nicht resignierten? Ob sie wohl genau wie er irgendwann nicht gewusst hatten, wie es in ihrem Leben weitergehen sollte? Bestimmt, und sie hatten sich für einen Weg entschieden, der zu ihnen passte, auch wenn das sicher nicht immer der Königsweg war. Sie hatten die Hoffnung nicht aufgegeben, was auch passiert war. Nick wusste, dass der Weg im Kloster für ihn zur völligen Abschottung geführt hätte. Die Einsamkeit war gefährlich für ihn, so verlockend sie auch daherkommen mochte. Wenn er dem Beispiel der Mönche folgen wollte, durfte er nicht im Kloster bleiben, denn das würde ihn zum Zyniker werden lassen, der keine Hoffnung auf seinem Lebensweg mehr zulassen konnte. Er würde aufgeben.

Sein Verlangen musste darin bestehen zu leben, wie auch immer. Er durfte dem Leben nicht aus dem Weg gehen. Manche waren enttäuscht, als er das Kloster so schnell wieder verließ. Er selbst war es nicht. Die Zeit in der Höhle seiner Zelle war keine vertane Zeit gewesen. Würde er wieder fliehen? Nein, er wollte seinen großen Wunsch endlich Wirklichkeit werden lassen und schaffen, was dem Buchhalter Soares nicht gelungen war: Leben, ohne sich dabei von außen bestimmen zu lassen.

Das Gute, das er in sich hatte, wollte er wirklich spüren und weitergeben können. Er würde sich einen Beruf suchen, er würde Menschen begegnen und ihnen nicht aus dem Weg gehen. Er würde nach dem Leben suchen, das er viel zu lange verdrängt hatte. Ob das wohl die »Wiedergeburt aus dem Geist« war, die Jesus Nikodemus ans Herz gelegt hatte? Nick glaubte daran, denn das würde das Ende des Misstrauens sein, selbst wenn er sich davor immer noch fürchtete.

Nick hatte sich trotz aller Ängste und Unsicherheiten immer anderen überlegen gefühlt. Gerade darum war er davongelaufen. Die Begegnung mit den Mönchen hatte ihm gezeigt, dass man sich zwar in Ruhe lassen konnte, aber immer nur aus Wertschätzung für andere, nicht aus einer Überheblichkeit oder Unvorsichtigkeit. Dann waren Gemeinschaft und Begegnung auf Augenhöhe unmöglich. Nur wenn man diese Begegnung wirklich zulassen konnte, war Einsamkeit eine Quelle der Tugend, kein Egotrip. Die Flucht war nicht mehr sein Ziel. Sie war eher ein Umweg, auf dem er sich nicht verlaufen wollte. Nick suchte Kontakt zu alten Freunden, die er eigentlich nie wirklich an sich herangelassen hatte. Er wollte ihnen begegnen. Er ging – und war froh, im Kloster gewesen zu sein.

Gedanken zum Alleinsein

Viele Novizenmeister berichten, dass zahlreiche Aspiranten für das Klosterleben eigentlich vor etwas auf der Flucht sind, genau wie Nick in unserer Geschichte. Sie suchen die Einsamkeit, weil sie dem Leben nicht gewachsen zu sein glauben, oder sie sind einsam und hoffen, im Kloster einen Schutzraum zu finden, um sich sicher fühlen zu können. Eigentlich sind sie in einer ausweglosen Situation, und die klösterliche Einsamkeit übt eine Anziehungskraft als Scheinideal auf sie aus. Das kann Ursachen in der jeweiligen Persönlichkeitsstruktur oder im sozialen Umfeld haben. »Die Zahl anonymer Autisten, die sich hier melden, ist groß«, sagt ein Oberer. Ein anderer meint: »Viele junge Leute, die heute eintreten wollen, müssen erst einiges verarbeiten, bevor sie in der Lage sind, im Kloster zu leben.« In jedem Fall ist es wichtig, dass dem gründlich nachgegangen wird und das Kloster nicht zum Ersatz wird für etwas, das den Menschen fehlt: ein Rückzugsort für ihre Flucht.

Grundsätzlich ist es natürlich kein Problem, dass Menschen mit Verwundungen in ihrer Biografie ins Kloster eintreten. Wer sich einer geistlichen Einsamkeit verschreibt, muss jedoch gefestigt sein, sonst wird sie seine Probleme nicht lösen, sondern verschlimmern. Die Voraussetzung, um sich aus dem Leben, wie man es kannte, zurückziehen zu können, ist, dass man sich den Wunden, die das Leben einem zugefügt hat, bereits gestellt hat. Wenn jemand sich zum Beispiel zurückzieht, weil er einen geliebten Menschen verloren hat, darf das seine Verarbeitung des Verlusts nicht ersetzen. Wenn jemand sich überlegen fühlt, muss er zunächst ergründen, warum andere Menschen ihn enttäuschen. Geschieht das nicht, wird man nicht zu einem Einsiedler, der dem monastischen Ideal entspricht, sondern zu einem Eigenbrötler, der verbittert und frustriert allein zurückbleibt. So ist es auch bei Nick: Er versucht, mit der Wunde seines Misstrauens zu leben, indem er dieses Misstrauen kultiviert und in eine selbstgefällige Scheinexistenz übersetzt. Vielleicht gibt es Verluste und Niederlagen, die seinem Misstrauen zugrunde liegen, derer er sich selbst nicht bewusst ist? Die einzige Lösung scheint ihm, sich vor zu vielen Einflüssen zu schützen und in die kleine Welt des Klosters zu fliehen.

Wer hat in seinem Leben nicht zuweilen Fluchtgedanken? Wer ist nicht schon weggerannt, wenn es darauf ankam? Zu fliehen gehört zum Menschsein. Und niemand kann wohl von sich sagen, dass er diesem Impuls noch nie gefolgt ist oder sich immer der Situation bewusst wäre, in der er flieht. Wir lassen uns selbst und andere immer wieder im Stich, wenn wir den Anforderungen des Lebens nicht gewachsen sind. Und manchmal ist das auch die einzige Möglichkeit zu überleben, ganz zu bleiben, sich nicht weiter zu verletzen oder verletzen zu lassen. Flucht darf jedoch immer nur eine Lösung für eine gewisse Zeit, einen Augenblick sein, aber nicht zur Haltung oder zum Reflex auf jede Herausforderung werden, sonst laufen wir am Ende vor uns selbst weg. Das Kloster in unserem Leben kann zwar ein Zufluchtsort sein, aber keine Festung, in der wir uns abschotten oder versuchen, uns vor uns selbst zu verstecken. Denn leider ist es so: Wir nehmen uns überall hin mit. Und irgendwann holen wir uns selbst wieder ein – mit all unseren Schwierigkeiten, Ängsten und Verletzungen. Nick sucht einen Zufluchtsort, konstruiert aber letztlich eine Festung, in der er sich keinen Herausforderungen mehr stellen muss. Selbstbeschränkung ist dann nicht heilsam, sondern eine Form der Verstümmelung. Das führt dazu, dass die Zuflucht zum Gefängnis wird und gleichzeitig zu einer Form, sich von anderen abzuheben und sich über sie zu erheben. Klösterliche Einsamkeit setzt voraus, dass wir uns und anderen gerade nicht aus dem Weg gegangen sind.

Die Meinung, dass Klosterbewohner es guthaben, weil sie sich um nichts Sorgen machen müssen und sich nur auf sich selbst konzentrieren können, ist ein weit verbreiteter Trugschluss. Natürlich ist es eines der Ziele des Klosterlebens, sich äußeren Einflüssen zu entziehen, um ein geistliches Leben zu führen. Aber das setzt voraus, dass man sich seinen Ängsten, Erwartungen und Verletzungen stellt. Und dass man bereit ist, in einer Gemeinschaft zu leben, und diese nicht nur benutzt, um sich aus sozialen Verantwortungen zu stehlen. Nur wenn man offen und ehrlich dem ins Auge blickt, wovon man sich zurückzieht, wenn man reflektiert, warum manche Konfrontation eines Lebens in der großen weiten Welt nicht heilsam ist, kann man verhindern, erneut zu fliehen. Wer das nicht tut, wird in der Tat zum Fanatiker oder zum Zyniker.

Es ist eine lebenslange Aufgabe für uns alle, unsere Fluchten unter die Lupe zu nehmen. Zwar ist die Weltflüchtigkeit *(fuga mundi)* ein altes monastisches Motiv; aber aus der Welt zu fliehen meint hier nicht, sie zu verteufeln und sich ihr zu entziehen, sondern bewusst darauf zu verzichten. Dieser Verzicht aus freiem Willen bringt Freiheit mit sich und eine Offenheit für Spirituelles, während ein Verzicht, der als Beschränkung verstanden wird, auch Beschränkung und Zwang in spirituellen Dingen nach sich zieht. Nichts ist so verführerisch, wie Problemen aus dem Weg zu gehen. Wenn das aber zu einer Lebenshaltung wird, hat es mit dem Schutzraum des Klosters *(claustum)* wenig bis nichts zu tun. Eine »klösterliche« Einsamkeit im Leben eines jeden Menschen ist keine Flucht im Sinn von Abgrenzen von oder Schutz suchen vor der »schlechten Welt« und ihren Ansprüchen. *Fuga mundi* im ursprünglich klösterlichen Sinn verstanden, basiert auf einer Sehnsucht, nicht auf einem Mangel, auf Inspiration, nicht auf Langeweile, auf Glauben, nicht auf Fatalismus.

Die Machtlosigkeit, die uns einholt, wenn wir dem Leben nicht gewachsen sind, als Quelle für ein neues Leben zu erfahren, bedeutet, genau das zu erreichen, was Jesus mit der »Wiedergeburt aus dem Geist« meint. Können wir das nicht, werden wir nicht wiedergeboren, sondern unsere »Dämonen« werden eher größer sein als zuvor. Wenn wir nämlich unsere Angst defensiv verdrängen, indem wir uns zurückziehen, wächst sie tief in unserem Innern immer weiter. Auch die Selbstgefälligkeit Nicks ist eine Maske, die es ihm ermöglicht, sich eben nicht die Frage zu stellen, welches neue Leben ihm geschenkt werden könnte.

Die Literatur, die Nick in der Geschichte liest, führt uns an den Rand des Abgrunds menschlicher Existenz. Pessoa ist nur ein Beispiel für absurde Schriften, die gerade durch ihre Bodenlosigkeit eine ganz eigene Faszination ausüben. Diese Faszination kann jedoch als Fundament für ein geistliches oder gelungenes Leben, für das das Kloster steht, nicht genug sein. Absurdität kann uns zum Loslassen bewegen, sie ist eine geniale menschliche Intuition, sich nicht an gewohnte Sichtweisen und eingefahrene Wege zu klammern. Doch wir müssen auch sie wieder loslassen und unsere Arme weit öffnen, denn sonst wird sie zum destruktiven Gift.

Wenn wir dies auf das alltägliche Leben – auch außerhalb der Klostermauern – beziehen, dann sind Frust, Verbitterung und Verkrampfung keine guten Ratgeber in Lebensphasen, in denen wir nur noch weglaufen wollen, weil wir keinen anderen Ausweg sehen. Sie dürfen kein Anlass für eine Flucht sein – nicht aus einer Beziehung, nicht aus einer Laufbahn und nicht aus einem Lebensraum. Vielmehr braucht es dann einen Weg, durch diese Empfindungen hindurchzugehen und tatsächlich neue Wege – Wege des Geistes – zu finden.

Jeder Mensch braucht immer wieder Vorbilder, denen er vertraut. Sich gleich über sie zu erheben, ist ein Zeichen des Misstrauens. Für Nick kann die Erkenntnis, dass der Weg der Brüder, denen er begegnete, nicht seiner sein kann, eine große

Chance sein. Begegnen wir nicht auch immer wieder Menschen, die uns ihr Vertrauen schenken und uns mit unserer eigenen Angst konfrontieren? Haben auch wir nicht immer wieder die Chance, im Spiegel ihres Leben bei uns selbst zurate zu gehen und neue Kraft zu schöpfen? In sein eigenes Kloster zu gehen, bedeutet für jeden von uns, der Konfrontation nicht aus dem Weg zu gehen, aber Wege aufgezeigt zu bekommen, die manchmal ganz anders sind, als wir erwartet haben – auch wenn niemand sagt, dass das einfach sei.

Regelmäßigkeit:
Vom Üben

Wenn wir nach Inspiration auf der Suche sind, nehmen wir uns gerne alle Freiheiten. Wer sich kreativ ausdrücken will, unterwirft sich nicht gerne einer sklavischen Ordnung oder Disziplin. Eine übertriebene Regelmäßigkeit scheint dem Besonderen im Weg zu stehen. Ein gutes Beispiel dafür ist die Musik. Wir sehnen uns nach erhebenden Klängen, die nicht endlos wiederholt werden müssen und können. Eine gebetsmühlenartige Regelmäßigkeit scheint Spontanität zu ersticken. Dennoch weiß jeder, der einmal ein Instrument gespielt hat, dass der Weg zu diesen erhebenden Momenten nun gerade in der Regelmäßigkeit und der steten Übung liegt. Musikmachen ist harte Arbeit und braucht Regelmäßigkeit. Wettlauf schadet ihr.

Als der Geigenbauer Martin Schleseke vor einigen Jahren unter dem Titel *Der Klang* ein Buch über seine Arbeit schrieb, wurde es zu einem unerwarteten Erfolg. Es faszinierte viele Leser, wie er eine Brücke zwischen Musik und Leben schlug. Sein Ausgangspunkt war eine Aussage des Malers Hundertwasser, der mahnte, man müsse im Leben mehr »Gleichnisse schaffen«. Dazu dienen Kreativität und Kunst. Sie heiligen unser Leben, schlagen eine Brücke zwischen dem Profanen und dem Sakralen. Schleseke meinte dazu: »Immer wieder kommt es während der Arbeit an meinen Instrumenten zu sonderbaren Augenblicken: heilige Momente in meinem Atelier, durch die ich innere und äußere Dinge meines Lebens anders begreife.« Bildlich gesprochen können wir die Musik in unserem Leben als Verdichtung unseres Verlangens nach Sinn betrachten. Durch harte, regelmäßige Arbeit kommen wunderbare Klänge zustande, die uns Unendlichkeit erfahren lassen. Wenn diese Erfahrungen uns fehlen oder ihren Zauber verlieren, kann gerade die musische Dürre zu einer ernsthaften Sinnkrise werden. Wem die Musik in seinem Leben fehlt, dem fehlt die Luft zum Atmen. Wer sich nicht mehr mit Leib und Seele einer Melodie hingeben kann, der kann schnell alles als sinnlos erfahren. Wie kann man den Klang ermöglichen, wenn einem im verzweifelten Üben die Lust vergeht und man den eigenen Ansprüchen und denen der anderen nicht genügen kann?

Nirgends scheint dieses Dilemma offensichtlicher zu sein als in einem Kloster. Die mystisch anmutenden Klänge des Gesangs setzen eine Frequenz voraus, die vielen eintönig erscheint. Der ganze Tag wird von der »Arbeit des Singens« bestimmt *(opus Dei)*, wie in der Benediktsregel zu lesen ist: »Man achte unter allen Umständen darauf, dass jede Woche der ganze Psalter mit den 150 Psalmen gesungen wird« (RB 18,23). Das ist ein erhebliches Pensum, Ermüdung und Abstumpfung scheinen unvermeidlich. Dennoch erweist sich gerade ein solcher Arbeitsrhythmus auch als Nährboden für spirituelle Impulse, die uns aus manchmal erdrückender Müdigkeit und Lethargie retten können.

Natürlich sind nicht alle Menschen im wörtlichen Sinne Musikliebhaber, geschweige denn musikalisch. Übertragend gesehen aber durchaus, denn jeder Mensch braucht einen kreativen Bereich, der ihm Sinnerfahrungen ermöglicht. Zugleich braucht er dazu das Üben – und das ist manchmal ein harter Weg, der

Durchhalten erfordert und sich oft genug alles andere als kreativ und sinnerfüllend anfühlt. Sich den Klang der eigenen Lebensmusik zu bewahren, auch im Trott des alltäglichen Lebens, auch in der Wiederholung des immer Gleichen, ist in Situationen der Trostlosigkeit eine große Herausforderung. Schwester Hannah stellt sich in der folgenden Geschichte dieser Aufgabe. Das Singen führt sie ins Kloster, wo der ganze Tag eine einzige große Übung des geistlichen Gesangs ist. Beinahe hätte sie ihre Stimme verloren – sie musste sie wieder neu finden.

Schwester Hannah

Die Musik hatte Schwester Hannah nie enttäuscht. Sie war ein »singender Mensch« gewesen, solange sie denken konnte. Schon mit ihrer Mutter hatte sie als kleines Kind gesungen: wenn es Grund zur Freude gab, sangen sie ein Jubellied, wenn das Leben schwer wurde, ein Lied des Trostes. Das hatte ihr in vielen Lebenssituationen geholfen. Nicht, dass ihr Lied die Fakten verändert hätte, weder unter den günstigen noch unter widrigen Umständen. Aber durch die wenigen Töne, aus denen ihre einfachen Melodien bestanden, hatte sich alles auf einmal anders angehört, und die Welt hatte ganz anders ausgesehen. Die Freude war intensiver, das Leid erträglicher geworden. Es war für sie wie ein Wunder gewesen. Hannah war nicht besonders religiös erzogen worden, aber dieses Wunder hatte für sie etwas Göttliches, die musikalischen Höhenflüge wurden ihr geschenkt, ganz natürlich, ohne dass sie viel dafür hätte tun müssen. Als einer ihrer Musiklehrer gesagt hatte: »Der beste Gottesbeweis ist, dass Musik *klingt*«, war es ihr wie Schuppen von den Augen gefallen. Sie wollte sich diesen magischen Momenten mit Haut und Haaren widmen, denn der Musikgott war ihr wohlgesonnen. Musik war ihr Leben, ihre Berufung, ihr Schicksal. Sie fühlte: Das war der Sinn ihres Lebens.

Zweimal hatte sie ihre Leidenschaft zu ihrem Beruf gemacht. Das erste Mal, als sie sich für ein Musikstudium entschied. Wenn der göttliche Funke in ihrer Stimme übersprang, lohnte es sich auch, diese Stimme zu schulen, zu perfektionieren. Sie studierte Gesang. Doch was als großes Abenteuer begonnen hatte, wurde schnell zu harter Arbeit. Der Dozent lehrte sie, ihren Stimmumfang zu erweitern und den Klang ihrer Stimme zu variieren. Sie lernte zu atmen und zu artikulieren, und es machte sie glücklich, dass sie das Instrument, das ihr gegeben war, nun wirklich zum Klingen bringen konnte. Im Studium hatte sie auch gelernt, Kontrapunkte und Akkorde zu erkennen, die ihrem inneren Klang durchaus nahekamen. Auch das machte sie glücklich. Aber es gab auch Probleme, und die begannen an ihr zu nagen. So sehr sie sich bemühte, sie gehörte beim Singen nie zu den Besten. Aber wollte sie ihre Musik, die ihr heilig geworden war, dem Wettbewerb opfern? Nein, das durfte nicht sein. Das zweite Problem hatte mit ihrem eigenen musikalischen Empfinden zu tun. Sie übte mehrere Stunden am Tag und merkte dabei, dass es nicht ihr Ding war, lediglich ihr Stimmvolumen und das Timbre in ihrer Stimme zu perfektionieren. Entweder langweilte sie sich bei der Stimmbildung oder sie wurde zur Fanatikerin, die selbst über das ihr auferlegte Pensum an Übungen hinausging. Beides ermüdete sie, und es blieb nichts von der Musik übrig, die sie in ihrem Innern hörte. Das Singen fiel ihr auf einmal schwer, es verlor seinen Zauber.

Als sie merkte, dass ihre Kommilitonen und Kommilitoninnen aufblühten, ihr eigenes Lied aber verstummte, erkannte sie, dass Musik offensichtlich nicht ihr Beruf war – sie fand weder die rechte Arbeitshaltung noch den passende Übungsrhythmus. Sie brach ihr Studium ab und begann eine Ausbildung bei einer Bank. Jeden Tag ging sie ihrer Arbeit nach, war morgens pünktlich in der Filiale, machte mit den Kollegen Mittagspause, fuhr mit dem Bus wieder zu ihrer kleinen Wohnung. Ihr Tagesablauf war sehr geregelt, und es war kein Problem für sie, ihre Zeit zu füllen. Sie machte zweimal in der Woche Sport und traf sich mit einer Gruppe alter Schulfreunde. Es war eine gute Zeit: Sie war ausgeglichen und es boten sich ihr viele Chancen, die sie zu nutzen verstand. Berufliche Perspektiven und ein intaktes, dynamisches soziales Netzwerk waren ihr genug, so sagte sie sich. Alle Türen schienen sich ihr zu öffnen. Von der Musik hatte sie sich komplett verabschiedet. Wenn es schon nicht möglich war, Klänge zu ihrem Lebensinhalt zu machen, wollte sie auch nicht weiter üben. So diszipliniert sie im Büro und im Fitnessstudio war, so antriebslos war sie, was die Musik anging. Und so offen die Zeit auch zu sein schien, so leer war sie zugleich. Der Klang war aus ihren Tagen gewichen, und niemand in ihrer Umgebung verstand, was das für sie bedeutete. Sie wurde müde, fand aber schnell eine Erklärung, wenn jemand sie danach fragte: Sie arbeite zu viel und schlafe zu wenig.

Wie durch Zufall war Hannah dann in der Benediktinerinnenabtei in ihrer Nähe gelandet. Eine Kollegin hatte sie auf die Idee gebracht: »Die Schwestern singen wie Engel, und zwar den ganzen Tag. Du solltest unbedingt mal mitkommen.« Gregorianischer Choral hatte in Hannahs Studium nicht zu ihren Lieblingsfächern gehört. Die eigene Stimme so zu schulen, dass man sich ins Ganze einfügt, das verhaltene Singen, das stets leiser wurde (*decrescendo*) und das sie immer wieder daran hinderte, ihrem expressiven Drang freien Lauf zu lassen, das ständige Ineinander-Überfließen der Töne (*legato*), das nicht unbedingt ihrem Bedürfnis nach pointierter Artikulation entsprach – all das war ihr im Gesangsunterricht immer wie eine Beschränkung ihrer Lust am Singen vorgekommen. Zudem schränkte das feste Repertoire, die immer gleichen Gesänge, ihren eigenen Klang ein.

Am schlimmsten war jedoch, dass man bei diesem einstimmigen Gesang *(unisono)* so vollkommen abhängig von den Mitsängerinnen war. Entweder war ihr alles nicht einstimmig genug oder sie fiel selbst aus dem Rahmen und konnte dem Anspruch nach Gleichklang nicht gerecht werden. Diese Eindrücke bestätigten sich dann auch, als sie das erste Mal mit ihrer Freundin in der Klosterkirche saß. Die Schwestern schafften es nicht, eine wirkliche Einheit zu bilden. Sie sangen weder synchron noch sauber. Die Tonhöhe sackte innerhalb eines Gesangs um anderthalb Töne ab. Weil viele der Schwestern schon ziemlich alt waren, klang ihr Singen oft dünn und sehr zaghaft. Und trotzdem war an diesem Gesang etwas anders. Denn irgendwie waren der ganze Frust und Stress, der sie am Konservatorium fertig gemacht hatte, hier nicht zu spüren.

Was war die Magie dieses Klosterklangs? Es war weder die Perfektion noch die Ambition, so viel war klar. Denn weder konnte man hier von einer gesanglichen Glanzleistung sprechen noch hatte sie den Eindruck, dass es den Schwestern darum ging, so sauber wie möglich zu singen. Ihre Haltung beim Singen war aber so ganz anders als bei einem Konzert. Hannah fragte sich: War es nun entspannt oder apathisch, wie sie da im Chorgestühl saßen und lateinische Psalmen rezitierten? Sie wusste es nicht. Nach dem Gottesdienst sprach sie mit der Gastschwester. Diese reagierte ein wenig erstaunt auf ihre Beobachtung: »Wir singen hier den ganzen Tag. Da stellt man sich nicht jedes Mal die Frage, wie man das genau machen sollte. Es ist unsere tägliche Arbeit.« Das wiederum erstaunte die Besucherin: »Kann denn Singen Arbeit sein?« Aus ihrem Studium wusste sie nur zu gut, dass ständiges Üben zur Knochenarbeit werden konnte, aber hier? »Ja, durchaus«, sagte die Gastschwester. »Der heilige Benedikt nennt die Gottesdienste das ›Werk Gottes‹. Die Klosterkirche ist quasi unsere Werkstatt.« Merkwürdig – wie konnte man eine solche Musik als Arbeit verstehen? War das nicht viel zu sachlich, zu nüchtern? Es passte nicht zu dem zerbrechlichen und zugleich zauberhaften Klang, den sie gerade erlebt hatte. Und doch ließ der Gedanke sie nicht mehr los: den ganzen Tag singen und darin seine Aufgabe haben, ohne Schnörkel und Animositäten. Das war ein Lebenssinn, von dem sie immer geträumt hatte.

Nur mit einer so bescheiden singenden Haltung konnte sie sich erklären, warum die Schwestern den Raum mit einem unprätentiösen, zugleich aber unendlich erhabenen Klang füllten. Die Gemeinschaft machte aber keineswegs einen stabilen Eindruck. Das Durchschnittsalter war hoch und die Blicke im Chorgestühl waren nicht durchgehend freundlich. Manche Schwestern nickten während der Lesungen, die zwischen den Gesängen vorgetragen wurden, ein. Aber das alles konnte den Klang für Hannah nicht trüben. Sie wusste, dass das so war, weil hier nicht nur gesungen, sondern gebetet wurde. Es war ein heiliger Gesang. Nur darum war er anders. Es war tatsächlich der beste Gottesbeweis, den es gab – diese Musik *klang*. Und da wusste sie, dass dies ihr Weg sein musste. Es gab keinen anderen, sie musste ihr Leben ändern. Nein, sie musste es verzaubern lassen, indem sie Teil dieses Klangs werden würde.

Sie konnte nicht anders, sie wollte die Musik zum zweiten Mal zu ihrem Beruf machen – zu ihrer Berufung hier im Kloster. Es dauerte eine ganze Zeit, ehe aus der Besucherin dieses Gottesdienstes Schwester Hannah wurde. Zunächst war sie regelmäßig zu Gast, auch mehrere Tage im Gästehaus des Klosters. Hier entdeckte sie ein neues Gefühl für das Beten. Auch wenn sie früher mit ihren Eltern regelmäßig zur Kirche gegangen war, hatte sie lange nicht gewusst, was Gebet für sie bedeuten könnte. Jetzt erschien es ihr wie der Himmel auf Erden. »Siebenmal am Tag singe ich dein Lob« (Psalm 119,164), heißt es in der Bibel. Und dieser Psalm bildete die Grundlage der sieben täglichen Gebetszeiten im Kloster.

Sie fühlte jetzt, was ihr gefehlt hatte: der Klang, der in ihrer Kindheit alles immer hatte gut werden lassen. Im Kloster musste sie sich zunächst einmal an die Art des Singens gewöhnen. Sie sang zu laut, zu schnell und zu akzentuiert. Am Konservatorium waren das ihr erklärtes Ziel und ihre spontane Neigung gewesen. Hier passte es nicht. Nicht, dass man sie darauf hingewiesen hätte, sie spürte selbst, was ihr fehlte. Und das erschien ihr als musikalisches, aber auch als menschliches Ideal. Ihr Leben änderte sich durch den Gesang. Die Arbeit in der Bank vermisste sie keinen einzigen Tag. Die geistliche Musik war jetzt ihre Arbeit, und sie wusste, dass sie keinen anderen Arbeitsplatz mehr zu suchen brauchte.

So wurde sie zu Schwester Hannah. Die biblische Gestalt, die Vorbild für ihren Ordensnamen gewesen war, faszinierte sie: Hannah hatte in ihrem Unglück Gott um die Geburt eines Sohnes gebeten. Und ihn empfangen: Samuel. Als alles gut wurde, hatte sie gesungen: »Mein Herz ist voll Freude über den Herrn, erhöht ist meine Macht durch den Herrn. Weit öffnet sich mein Mund gegen meine Feinde; denn ich freue mich über deine Hilfe« (1 Samuel 2,1). Auch wenn Schwester Hannah wenig an Macht gelegen war und sie nicht so genau wusste, wer denn ihre Feinde sein sollten, hatte der weit geöffnete Mund der biblischen Hannah sie angesprochen. Seine Freude und Dankbarkeit herauszusingen, auch wenn es einmal weniger gut lief, das war genauso wie damals zu Hause mit ihrer Mutter. »Der Herr macht tot und lebendig, er führt zum Totenreich hinab und führt auch herauf« (1 Samuel 2,6). Anfang und Ende waren heilig. Nur wenn man sein Leben lang davon sang, wurde beides Wirklichkeit, so spürte Hannah. Und sie wusste, dass Gott auch in ihrem Leben existieren musste, dass auch sie eine ungeahnte Kraft haben könnte, wenn sie sich dem Klang hingab.

Es war für sie wahrhaft eine Berufung, die verschiedenen Stufen bis hin zur Nonne zu durchlaufen. Sie waren allesamt von Musik geprägt, aber keineswegs einfach. Schwester Hannah nahm, wie es die Regel Benedikts vorschreibt, im Chorgestühl den letzten Platz ein und versuchte, sich auch musikalisch unterzuordnen. Sie war sich sicher, dass die Zeit am Konservatorium sie ein für alle Mal von jeder Ambition befreit hatte. Keine Perfektion und keine Konkurrenz. Gesanglich brauchte sie sich hier nichts zu beweisen. Es ging darum, dass der Klang mehr spirituelle Tiefe in ihr Leben brachte. Er würde ihrem Tun Sinn verleihen. Sie fühlte sich mit sich selbst im Reinen. Wenn aus der Regel Benedikts vorgelesen wurde, hatte eine Stelle es ihr besonders angetan: »Betrachten wir also, wie wir vor dem Angesicht Gottes und seiner Engel sein müssen, und stehen wir beim Psalmensingen so, dass Herz und Stimme im Einklang sind« (RB 19,6–7). Sowohl ihr inneres Gleichgewicht als auch das Gleichgewicht in der Gemeinschaft mit ihren Mitschwestern schien zu wachsen, indem sie sich fallen ließ. In den kleinen Melodien des klösterlichen Singens erfuhr sie eine Befreiung, die sie wahrhaftig im Einklang sein ließ.

Es war in einer Vesper, dem Abendgebet an einem ganz normalen Wochentag, als ein Paukenschlag sie aus ihrer musikalischen Welt auffahren ließ: Die Mitschwester, die ihr im Chor schräg gegenüber saß, weigerte sich offensichtlich, richtig zu singen. Sie traf keinen einzigen Ton und zog jede Melodie wie ein Kaugummi. Zudem wurde zwischen den Zeilen der gesungenen Psalmen immer eine Pause gehalten, im Chorbuch durch ein Sternchen angezeigt. Schwester Hannah merkte auf einmal, dass diese Pause ein ständiger Zankapfel war, ohne dass jemals darüber gesprochen worden wäre. Sie war zu lang oder zu kurz, aber nie gleich lang. Das Chorgestühl erschien ihr plötzlich wie ein Schlachtfeld! Die Balance zwischen den Stimmen der Schwestern gab es nur scheinbar, die unprätentiöse Art, mit der gesungen wurde, waren ihr mit einem Mal unerträglich. Es war auch nicht nur Zufall oder Pech, dass es unter der Oberfläche so viele Konflikte gab. Denn auch hier spielten viel mehr Wettläufe eine Rolle, als sie es zuvor geahnt hatte, auch bei ihr selbst.

Warum sangen die Schwestern gegeneinander an und bremsten sich so gegenseitig aus? Warum wurden die gut gemeinten Ratschläge der Chorleiterin genauso wenig befolgt wie ihre klaren Ansagen? Hier ging es um Spannungen, die sich aus dem Alltag der Schwestern ergaben und die das gemeinsame Singen mit einem Mal zu einem riesigen Problem werden ließen. Schwester Hannah konnte nicht anders, als dabei mitzugehen. Mal schloss sie sich einer der Parteien an, mal fiel sie in die Fallgrube ihres eigenen musikalischen Talents und bildete eine eigene Partei. Und mal hielt sie einfach den Mund. Es gab Phasen, in denen ihr Gesang in der kleinen Klosterkirche verstummte. Im Studium war es nicht so sehr die Musik gewesen, die sie enttäuscht hatte. Es war ihr lediglich klar geworden, dass sie keine Berufsmusikerin werden wollte und konnte. Jetzt saß ihr Gefühl tiefer: Ihre Berufung hatte ihren Klang verloren, als sie merkte, dass die scheinbare Harmonie ein Zerrbild der Wirklichkeit war. Der blanke Hohn! Die Musik hatte sie zum ersten Mal enttäuscht. Sie hatte ihre Ambitionen losgelassen, doch sie war vom Regen in die Traufe gekommen.

Sie dachte darüber nach, das Kloster zu verlassen. In manchen Momenten sagte sie sich, dass es doch lächerlich sei, ihre Zukunft lediglich vom Singen abhängig zu machen. Es gab doch Wichtigeres! Hatte sie denn wirklich keine anderen Probleme? Nein – das fand sie jedenfalls in anderen Momenten. Wenn das Singen grundsätzlich unstimmig war, wurde dadurch auch das große Ganze unsinnig. Sie verlor ihre Balance zwischen Stimme und Geist, die Benedikt als Haltung beim Psalmensingen so eindringlich forderte, und wurde krank. Nicht nur die Stimme ging ihr verloren, sondern auch ihre Ohren verschlossen sich. Sie zog sich im Chor immer mehr in ihr Schneckenhaus zurück und verlor den Kontakt zu ihren Mitschwestern. Sie hatte sich nie vorstellen können, dass eine klangliche Dissonanz sie so vollkommen blockieren könnte. Hatte sie sich so im Klangerlebnis ihres ersten Besuchs im Kloster täuschen können? Hatte sie sich so verhört?

Schwester Hannah merkte nach einer ganzen Zeit der Zurückgezogenheit, dass man über Klang nur schwer reden konnte. Sie hoffte und sehnte sich danach, dass eine Mitschwester sie fragte, was mit ihr los war, aber nichts geschah. Spürte hier niemand außer ihr, dass das verlorene Gleichgewicht es unmöglich machte, im Angesicht Gottes und seiner Engel zu stehen? Oder hatte jede der anderen dasselbe Problem wie sie, traute sich aber nicht, es offen zur Sprache zu bringen? Sie dachte an ihre Namenspatronin aus der Bibel. Hannah hatte, nachdem sie von Gott gesegnet worden war, gesungen: von einer besseren Welt, die von Vertrauen und Gottesfurcht geprägt war. Dieser Gesang hallte im *Magnificat*, dem Lob der Gottesmutter Maria, wider, einem Lied aus dem neuen Testament, das sie täglich gemeinsam mit den anderen sang.

Es war wiederum in der Vesper, als etwas Merkwürdiges geschah. An einem Wintertag, an dem kaum Besucher in der Kirche waren, hörte sie den Text des Liedes mit einem Mal anders: »Meine Seele preist die Größe des Herrn, und mein Geist jubelt über Gott, meinen Retter. Denn auf die Niedrigkeit seiner Magd hat er geschaut. Siehe, von nun an preisen mich selig alle Geschlechter. Denn der Mächtige hat Großes an mir getan, und sein Name ist heilig« (Lukas 1,46–49). Ging es nicht um ihre Seele, die im Klosterklang ihren Raum finden musste? War nicht jeder noch so widrige Umstand ein Grund mehr zu singen, so wie Maria gesungen hatte und wie sie mit ihrer Mutter gesungen hatte, auch in den schwierigen Situationen? Eine solche schwierige, scheinbar ausweglose Situation stellte sich nun. Schwester Hannah hatte sich ihr gebeugt, sie hatte sich gehen lassen. Aber was hatte Maria getan, als die Gegenwart Gottes sie erfüllte? Sie hatte auf ihre Niedrigkeit verwiesen, auf die ganz einfache und nüchterne Feststellung, dass sie tun musste, was ihre Aufgabe war. Es ging weder um Höhenflüge noch um Glanzleistungen, sondern darum, auch schwere Kost zu sich zu nehmen, und dazu gehörte es, den deprimierenden Umständen des gemeinsamen Singens zu trotzen, indem man schlicht und ergreifend sang.

Die Freude, die dann doch aus ihrem Gesang sprach, konnte doch nicht verlorengehen, ihr Jubel durfte nicht verstummen! Wenn das Loblied gegen die Gleichgültigkeit und die Disharmonie seit den Zeiten der biblischen Hannah bis hin zu Maria erklungen war, dann war es vielleicht doch möglich, aus einer inneren Kraft heraus zu singen? Vielleicht war die Gegenwart Gottes, die man im eigenen Inneren spüren konnte, ein so überwältigendes Geschenk, dass der Gesang niemals ganz aus dem

Gleichgewicht zu bringen war, wenn man nur bereit war, ihn als seine Arbeit anzunehmen, wie man ihr im Kloster stets gesagt hatte? Wirklich unprätentiös zu arbeiten, hatte Schwester Hannah weder am Konservatorium noch bei der Bank gelernt. Sie würde es üben müssen. Und so begann sie wieder mitzusingen. Musik wurde erneut zu einem wahren Wunder: Es *würde* in dieser Vesper und auch in anderen Gottesdiensten möglich sein, sich in ein noch so verzerrtes Gesamtgefüge einzugliedern, ohne sich zu verbiegen. Übung würde den Meister machen!

Natürlich blieben die Streitereien und Verstimmungen, die sich vom Gesang auf das alltägliche Miteinander übertragen hatten oder umgekehrt, bestehen. Nichts war in der Gemeinschaft besser als zuvor. Aber es war zuweilen wieder möglich, den gemeinsam Klang aus jener ersten Vesper vor Jahren zustande zu bringen und vor allem auch zu hören. Das entscheidende Maß, dem man hier entsprechen musste, was das Regelmaß. Das war keine eiserne Disziplin und auch kein Wettlauf um den Hauptpreis. Man tat trotz allem, was man konnte, um die Regel zu befolgen: Das Maß der Dinge sind wir selbst, und zwar gemeinsam. Nur dann kann das Wunder der Musik geschehen.

Schwester Hannah zog aus ihren Erfahrungen Konsequenzen und übernahm jetzt Verantwortung für den Gesang. Sie wurde Mitglied der Schola der Abtei, jener Gruppe, die während der Eucharistie vorsang. Das war eine neue Herausforderung. Es gab gesonderte Proben mit vier Mitschwestern. Eigentlich brauchte sie die Partituren nicht zu üben, sie war den anderen durch ihr Studium musikalisch haushoch überlegen. Aber darum ging es nicht. Was hier geübt werden musste, war das Regelmaß. Die alten Weisen boten unendlich viel Raum für die Kreativität aller. Zuweilen spürte sie durchaus wieder die alte Versuchung, Perfektion anzustreben. Sie hatte wieder das heimliche Gefühl, die Beste zu sein und darin ihren Lebenssinn zu finden. Schwester Hannah versuchte nicht, diese Gefühle zu unterdrücken. Die Mitschwestern reagierten zuweilen pikiert, beschämt, manchmal wütend auf ihre Versuche, den Klang der Schola zu gestalten. Sie wusste, dass es unmöglich war, ihr musikalisches Gespür außen vor zu lassen. Aber es würde auch nie wirklich richtig klingen, wenn sie nicht ehrlich zu sich selbst und ihren Mitschwestern war.

Sie sang. Sie gab sich Mühe, und wenn die große Erschöpfung wieder zuschlug, weil der Klang ihr zu klein wurde und sie innerlich zu verdorren drohte, sang sie einfach weiter, so wie Hannah und Maria in der Bibel. Ob wohl ein Wunder geschehen würde? Ob die Musik sie auch dieses Mal nicht enttäuschen würde? Sie wusste es nicht. Wohl wusste sie, dass es keine Alternative dazu gab, dass sie ihre Stimme erheben, ihre Seele zum Klingen bringen musste. Nur so konnte sie ihren Beruf jetzt endlich zur Berufung machen. Nur so konnte sie für ihre Mitschwestern da sein und gut zu ihnen sein. Nur so konnte sie offen sein für jenen Beweis, dass es Gott wirklich gab in ihrem Leben. Sie würde sich darin üben, dem Regelmaß zu entsprechen. Sie musste nur mit dem richtigen Ohr hören. Als musikalische Nonne war Schwester Hannah von da an auch weiterhin im Chorgestühl zugegen, mit Haut und Haaren. Und sie würde weiter üben, denn die Musik hatte sie noch nie enttäuscht.

Gedanken zum Üben

Wer in seinem Leben nach einer sinnvollen Tätigkeit, einer Ausdrucksform oder einer Aufgabe sucht, kann leicht in einen Zwiespalt geraten. Das, was uns am meisten begeistert, führt uns auch durch Durststrecken. Nur wenn wir dann einen regelmäßigen Weg finden, uns zu üben, erschließt sich der eigentliche Sinn. Diesen Sinn kann man, wie Schwester Hannah in unserer Geschichte, als »Klang« auffassen. Wer die »Melodien« seiner Tage, Wochen und Jahre innerlich hört, hat auch das Bedürfnis, sie erklingen zu lassen. Dass das mit genauso vielen Anstrengungen wie erhebenden Momenten verbunden ist, vergessen wir oft, wenn eine Aufgabe uns frustriert.

Klang erzeugen manche, indem sie ein Instrument spielen, andere, indem sie eine andere Kunst ausüben, und manche auf wieder andere kreative Art und Weise: im Umgang mit ihren Mitmenschen oder der Natur. Immer geht es um Resonanzen, in denen unsere »Weltbeziehung« hörbar wird, wie der Soziologe Hartmut Rosa sagt. Diese Weltbeziehung hat eine horizontale Dimension: Wir verhalten uns zu unserer direkten Umgebung, wenn wir einen Klangraum eröffnen. Sie hat jedoch auch eine vertikale Dimension: Wir verhalten uns ebenso zum Leben als Ganzem, zum Höheren. Für viele Menschen ist das Gott. Um eine ganzheitliche Weltbeziehung wahrzunehmen, brauchen wir dann auch noch die diagonale Resonanz: Wir verhalten uns zu konkreten Dingen, die für uns die Verbindung zwischen Himmel und Erde verkörpern. Musik bewegt sich genau da, im Klangraum zwischen dem tatsächlichen Leben und seinem Horizont. Wenn wir unsere Weltbeziehung nicht mehr wahrnehmen können, führt das zur Sinnentleerung. Aber wenn wir gleich alles im Licht der Ewigkeit in seiner vollen Schönheit hören wollen, vergessen wir, dass wir uns zunächst zu den konkreten Dingen verhalten müssen, die uns abverlangt werden: üben, durchhalten und weitermachen. Zuweilen blitzt darin dann die vertikale Resonanz in ihrer Schönheit auf.

Im Resonanzmodell geht es nicht nur um Musik. Alles kann eine Resonanz sein. Daher ist das Klangbedürfnis von Schwester Hannah symbolisch zu verstehen. Immer, wenn die Musik ihr hilft, sich zum Leben zu verhalten, öffnet sich der Sinnhorizont. Sie ist in der Lage, in den Tönen des Alltags die Melodie der gesamten Welt zu hören. Sie singt und dadurch geht der Himmel auf. Das Singen wird für sie zur Lebenskunst, in der sie sich üben will, die ihr aber am Konservatorium nicht entspricht und danach völlig entgleitet. Diese Grunderfahrung kommt vielen vielleicht bekannt vor. Menschen finden ihren diagonalen Weg ins Unendliche im Handwerk, im Kochen oder im Spiel. Wie kann ich in gewöhnlichen Lebenssituationen kreativ werden? Wann kann ich relativieren, was mir das Leben schwermacht, und stattdessen genießen, was ein Segen ist? Welche Handlung wird für mich zur Lebenskunst? Es kann helfen, sich diese Fragen zu stellen, denn wie bei jeder anderen Kunst braucht es Übung und Aufmerksamkeit, um in Situationen, in denen man darauf angewiesen ist, den richtigen Ton zu treffen.

Schwester Hannah glaubt, diese Kunst sogar zu ihrem Lebensmittelpunkt machen zu können, aber sie verrennt sich darin. Begeisterung ist eines, aber sie birgt immer das Risiko, einerseits in Übereifer und andererseits im Frust zu enden. Das dürfte eine Erfahrung sein, die viele Menschen heute nur allzu bekannt ist. Wenn man beispielsweise seine Sportbegeisterung ausleben will, ist es wichtig, sich Ziele zu stecken, die man auch erreichen kann und die dem eigenen Können entsprechen. Genau das tut Schwester Hannah: Sie sucht nicht die große Bühne für ihren Gesang. Die würde sie überfordern. Einerseits, weil sie selbst gemerkt hat, dass sie trotz ihrer Begeisterung nicht zu den Besten zählt. Andererseits, weil sie nicht möchte, dass es beim Musizieren um Wettbewerb geht. Singen soll für sie ein

Regelmäßigkeit: Vom Üben

Zweck an sich sein, etwas, das ihr guttut, das sie erfüllt, ohne dabei von anderen beurteilt zu werden oder deren bzw. ihre eigenen Erwartungen zu erfüllen. Es ist ein steiniger Weg, bis sie erkennt, dass die Übung, die sie für ihre horizontale Resonanz braucht, schlicht darin besteht, weiter zu singen, und ohne vorgefertigte Erwartungen und Muster. So wird für sie die »Arbeit« des Singens zum Spaß, zur tatsächlichen Erfüllung, zur vertikalen Resonanz.

Wo ist mein Klangraum, in dem ich meine Ansprüche scheinbar herabgesetzt, dadurch aber einen großen Schritt nach vorne gemacht habe? Was tue ich, ohne dass es gleich darum geht, der Beste zu sein oder ein Resultat zu erzielen, das sich immer wieder selbst übertrifft? Aber auch: Wann habe ich erkannt, dass in einem noch so ehrlichen Versuch, nicht gleich wieder in dieselbe Fallgrube zu stürzen, doch der alte Drang nach Perfektion und Wettbewerb zum Vorschein kam? Wann hat mich eine Umgebung enttäuscht, in der ich irgendwann nicht mehr in der Lage war, offen und ohne Begrenzung mit dem zufrieden zu sein, was ich vorfand und was meiner Begabung entsprach? Wann habe ich das Gleichgewicht verloren und fehlte mir der Mumm, um weiter üben zu können?

Schwester Hannah kann den Gesang der anderen nicht mehr ertragen. Wenn es sich bei der Resonanz tatsächlich um eine wechselseitige Weltbeziehung handelt, hat das sicher nicht nur an den anderen gelegen, sondern auch an ihr selbst. Denn eine Beziehung lebt immer von gegenseitiger Hingabe. Dann kann es wichtig sein, bei sich selbst anzufangen. Wie soll man das aber machen, wenn kaum noch etwas von der Unschuld des ursprünglichen Gesangs übrig ist? Dann muss man die »Unverfügbarkeit« des Wunders vertikaler Resonanz akzeptieren. Man hat nicht in der Hand, wann etwas außergewöhnlich und erhebend ist. Nur wenn man aus diesem Bewusstsein die Motivation schöpft, immer weiter an sich zu arbeiten, entsteht eine Offenheit, die man spirituell als Offenheit für Gott bezeichnen kann.

Ohne diese Offenheit hätte es wenig Sinn gehabt, sich das manchmal haarsträubende Ensemble anzutun, das sich da im kleinen Kloster zusammengefunden hatte. Denn was soll man da schon üben? Man kann nur versuchen, seine konkrete Aufgabe immer besser anzugehen. Nur wenn man erkennt, dass es nicht darum geht, den Klang der anderen zu beurteilen, kann man sich selbst ganz öffnen. Das ist ein schwieriger Spagat. Denn vermiesen einem die Dissonanzen der anderen nicht den eigenen Klang? Rauben sie einem nicht den letzten Nerv? Vielleicht, aber dann kann es nur darum gehen, sich auf die eigene Stimme zu konzentrieren. Nicht um andere zu verbessern, sondern um einfach zu singen, wie man es in jenem kleinen Rahmen kann, wie Schwester Hannah ihn in ihrem Kloster angetroffen hat. Wie gelingt es mir, mich auf mich selbst zu konzentrieren, ohne anderen den Klangraum zu nehmen?

Oft sind es die unerwarteten kleinen Melodien, die »heiligen Momente«, wie sie der Geigenbauer Schleseke beschreibt, die unser Leben verzaubern und uns nicht enttäuschen. Habe ich noch ein Ohr für die unerwarteten Töne, die sich ganz spontan ergeben, wenn ich permanent zu singen übe, so harte Arbeit das auch sein mag? Kann ich offen sein für das Große, das im Kleinen erklingt? Die diagonale Resonanz ist für Schwester Hannah hilfreich: Sie richtet sich auf konkrete Gesänge, sie tut, was es zu tun gilt. Diese »Vergegenständlichung« bietet in mancher Situation einen Ausweg. Man sollte sich nicht am großen Ganzen verheben, denn das wird von selbst hörbar, wenn wir uns der Möglichkeit hingeben, ohne sie erzwingen oder herbeibeten zu wollen.

Verantwortung:
Vom Führen

Wo Menschen zusammen leben und arbeiten, stellt sich unweigerlich die Frage, wer Verantwortung tragen soll. Dabei leistet nicht jeder denselben Beitrag. Manche sind in der Lage, eine Vorreiterrolle zu spielen und die Leitung zu übernehmen, andere eher zu folgen und zu unterstützen. Nur selten gelingt dabei ein natürliches Gleichgewicht. Denn wer muss wem gehorchen? In der Benediktsregel ist deshalb, neben vielen Bestimmungen zu formalen Verantwortungsstrukturen, auch vom gegenseitigen Gehorsam die Rede: »Das Gut des Gehorsams sollen alle nicht nur dem Abt erweisen. Die Brüder müssen ebenso einander gehorchen; sie wissen doch, dass sie auf diesem Weg des Gehorsams zu Gott gelangen« (RB 71,1). Nicht nur Führungskräfte tragen also Verantwortung für die ihnen Unterstellten, sondern auch umgekehrt. Aber genau da drückt oft der Schuh: Wir fühlen uns nicht anerkannt, wenn die Verantwortung ungerecht verteilt ist, und vergessen dabei, dass sie bei uns selbst beginnt. Wenn das Gleichgewicht zwischen der Verantwortung für große Projekte und menschlicher Nähe zu anderen nicht mehr stimmt, entsteht eine ausweglose Situation, in der Begegnung nur noch schwer möglich ist. »Low profile« und »high performance« gehen dann nicht mehr zusammen.

Einerseits sollten in einem Team oder einer anderen Gruppe alle auf einer Stufe stehen, andererseits braucht es klare Verhältnisse, um handlungsfähig zu sein. Das kann eine große Herausforderung, zuweilen eine unlösbare Aufgabe sein. Verantwortung kann sowohl diejenigen überfordern, die Leitung ausüben, als auch jene, die sich führen lassen. Wenn man sich dann vollständig mit der eigenen Rolle identifiziert, gerät man unweigerlich in eine Krise, weil man nicht mehr weiß, wer man außerhalb der Aufgabe, die man übernimmt, noch ist. Was helfen kann, ist ein höheres Ideal, das von allen Beteiligten geteilt wird. Eine Motivation, die von allen Projekten unabhängig ist und jedem Einzelnen die Möglichkeit gibt, seine Fähigkeiten einzubringen, ohne dass er sich verbiegen muss.

Wenn im Kloster von Verantwortung die Rede ist, scheint die schnell beim Abt zu liegen, dem alle anderen gehorchen müssen. Aber wie bereits gesagt, liegt dem ein gegenseitiger Gehorsam, eine gleichberechtigte Teilung der Verantwortung zugrunde. Das hilft häufig dabei, auf dem Boden zu bleiben, wenn man Verantwortung trägt und andere anführt, und sich nicht minderwertig zu fühlen, wenn man folgt. Man trägt gemeinsam die Verantwortung für ein großes Ziel und arbeitet daran. Keine Struktur kann einen jedoch davor bewahren, dabei in eine Zwickmühle zu geraten, auch nicht das Kloster. So sollte man nicht den Fehler begehen, die Funktion eines Abtes oder einer Äbtissin zu idealisieren. Denn neben der Klarheit, die die Regel Benedikts bietet, sind mit einer spirituell legitimierten Führung auch viele Risiken verbunden. Auf Tuchfühlung zu bleiben und nicht zu vereinsamen, wäre die Voraussetzung, um auch im alltäglichen Leben nicht in seiner Rolle zu versinken und stattdessen mit anderen Verantwortung zu übernehmen. Das ist jedoch keineswegs selbstverständlich. Wenn man sich doch durch

Verantwortung: Vom Führen

die scheinbar größere Verantwortung überlegen fühlt, kann eine spirituelle Motivation die Krise eher noch verschärfen. Aber sie kann sie auch lösen. Die folgende Geschichte von Mutter Benedicta zeigt, wie jemand voller Hoffnung Verantwortung übernimmt, im Kleinen zu scheitern droht und am Ende zu sich selbst findet.

Mutter Benedicta

Als Schwester Benedicta zur Äbtissin ihrer Gemeinschaft gewählt wurde, wusste sie nicht, wie ihr geschah. Mit einem Mal gab es kein Zurück mehr. Jetzt kam es auf sie an! Freute oder fürchtete sie sich? So genau konnte sie das nicht sagen, auf jeden Fall war ihr mulmig zumute. Sie kannte die Regel Benedikts, in der der Obere für beinahe alles verantwortlich gemacht wird – was gut läuft, aber auch, was schiefgeht: »Der Abt denke immer daran, dass in gleicher Weise über seine Lehre und über den Gehorsam seiner Jünger beim erschreckenden Gericht Gottes entschieden wird« (RB 2,6). Schon seit Jahren hatte Schwester Benedicta viele Ideen und den Ehrgeiz, sie auch umzusetzen. Aber die Verantwortung, die sie bis jetzt gern hatte übernehmen wollen, lastete mit einem Mal schwer auf ihren Schultern. Denn es fühlte sich nicht nur wie eine schwierige Aufgabe an, sondern wie eine heilige Pflicht, der man kaum gerecht werden konnte: »Der Abt vertritt die Stelle Christi im Kloster« (RB 2,2). Wer war sie, dass sie das von sich sagen konnte?

Es war quasi ein göttlicher Maßstab, der ab jetzt an alles angelegt werden würde, was sie tat und ließ: »Der eingesetzte Abt bedenke stets, welche Bürde er auf sich genommen hat und wem er Rechenschaft über seine Verwaltung ablegen muss. Er wisse, dass er mehr helfen als herrschen soll« (RB 64,7). Schwester Benedicta fühlte sich klein, und sie spürte, dass sie dem Großen, das von ihr erwartet wurde, niemals gerecht werden konnte, so fest sie dazu auch entschlossen war. Sie wurde krank, war einige Tage ans Bett gefesselt. Die Vorstellung, jetzt allein mit dieser Bürde zu sein, machte ihr Angst, denn wer sollte in einer Gemeinschaft, deren Schwächen sie nur zu gut kannte, mit ihr den Weg gehen können? Doch dann stand sie auf: Sie würde es schaffen, so schwach die Gemeinschaft, der sie nun vorstand, auch war. Sie würde sich der Verantwortung stellen. Zu ihrer Amtseinführung war sie wieder oben auf.

Schon seit ihrer Jugend war sie Mitglied des Konvents, und sie war glücklich mit ihrer Rolle gewesen. Sie hatte ihre klaren Aufgabenbereiche, die sie erfüllten. Die Verwaltung des Klosters lag in ihren Händen, denn die damalige Äbtissin – ihre jetzige Vorgängerin – war merklich älter geworden und kaum mehr in der Lage gewesen, den Überblick zu behalten. Dennoch blieb sie im Amt. Wenn Schwester Benedicta ehrlich war, hatte sie es so empfunden, dass sie an ihrem Stuhl klebte. Oft hatte sie die alte Äbtissin als ein Hindernis wahrgenommen. Sie hatte überlegt: Wie konnte sie ihr die vielen Ideen, die neuen Wege, die man im Kloster würde gehen müssen, schmackhaft machen? Wie war es möglich, die Autorität der Oberen zu respektieren und trotzdem voranzukommen, also die Gehorsamspflicht, die zum Klosterleben gehörte, nicht zu verletzen und trotzdem auch der eigenen Verantwortung gerecht zu werden?

In den letzten Jahren hatte sie stetig darauf hingearbeitet, dass die alte Äbtissin abtreten sollte. Wenn nötig, hatte sie ihre Obere umgangen. Sie hatte es nach bestem Wissen und Gewissen getan. Doch auf einmal hatte sie Zweifel an ihrer Motivation:

Verantwortung: Vom Führen

War es ihr nicht doch auch darum gegangen, dass sie selbst als Nachfolgerin schon so gut wie feststand? Selbst wenn sie immer das Gegenteil behauptet hatte, war sie sich insgeheim sicher, dass sie die nächste Äbtissin sein würde. Dann endlich würde auch die alte Äbtissin sie anerkennen. Sie würde nicht mehr anders können. Denn oft hatte Schwester Benedicta sich von ihr ungerecht behandelt und nicht angemessen gewürdigt gefühlt.

Im Lauf der Jahre war Schwester Benedicta zur tragenden Säule ihres Klosters geworden. Schon längst ging nichts mehr ohne sie. Wenn sie für zwei Wochen Urlaub nahm, waren alle froh, wenn sie wieder da war, auch die alte Äbtissin. Sie war schließlich eine der jüngsten Schwestern – und mit Sicherheit die vitalste. Wer hätte sonst all die Probleme, die sich angehäuft hatten, lösen sollen? Sie war zur Macherin geworden. Danach hatte sie sich weder gestreckt, noch war sie davor weggelaufen. Sie lebte in ihrer eigenen Welt, denn niemand redete ihr groß herein, und so war eines zum anderen gekommen. Die alte Äbtissin hatte sie weitestgehend gewähren lassen und nur dann eingegriffen, wenn ihr etwas zu schnell oder zu weit gegangen war. Die Mühen von Schwester Benedicta und ihr Engagement hatte sie kaum zur Kenntnis genommen. Gesprochen hatte sie nie darüber, doch manche kleine Geste hatte Schwester Benedicta irritiert und verunsichert.

Jede Mitschwester und auch die vielen Freunde des Klosters waren wie selbstverständlich davon ausgegangen, dass Schwester Benedicta die Zukunft des Klosters war. Auch danach hatte sie sich nicht gestreckt. Oder doch? Wenn sie ehrlich war, wusste sie, dass sie genau das immer gewollt hatte – und auch, dass sie es gut machen würde. Das Führungsamt erschien ihr wie ein natürlicher nächster Schritt. Ihre Angst war nicht, dass sie die Aufgabe nicht würde meistern können. Das stand außer Frage.

Vielmehr zweifelte sie seit dem Tag ihrer Wahl an ihrer eigenen Courage, ihrem »Heldenmut«. War es ihr nicht vor allem um sie selbst gegangen in den letzten Jahren? Nein, das konnte nicht sein. Sie war Nonne geworden, weil »die Liebe zu Christus ihr über alles ging« (RB 5,2). Ihr Amt als Äbtissin würde auch unter diesem Zeichen stehen. Sie würde sich in den Dienst der anderen stellen, sie fördern und fordern und immer für sie da sein, was auch passierte.

Schwester Benedicta wusste, dass sie sich zuweilen schwer damit tat, sich in andere Menschen hineinzuversetzen. Sie hatte einen Plan und den verfolgte sie. Es war ihr tatsächlich nicht um sie selbst gegangen, sondern immer nur um das Glück aller. Wenn jemand sie kritisiert hatte, weil sie allzu genau zu wissen schien, was gut und was richtig war, hatte sie sich dies stets zu Herzen genommen. Oder nicht? Sie war eher der Typ Mensch, dem es zwar leidtat, dass andere sie nicht verstanden; Zweifel an ihrer eigenen Handlungsweise waren dabei aber nicht aufgekommen, und das war auch nicht nötig. Sie musste einfach daran arbeiten, ihren Mitschwestern auf die Sprünge zu helfen, damit sie sehen konnten, was sie sah, ebenfalls den Durchblick hatten oder doch zumindest den ihren respektierten. Dafür war mehr nötig als nur ein wenig Fingerspitzengefühl. Nein, die Aufgabe hatte eine mystische Dimension. Wenn sie die Stellvertreterin Christi war, dann *musste* sie die anderen von der Richtigkeit ihrer Auffassungen überzeugen. Denn sie hatte es sich nicht ausgesucht, diese Verantwortung zu tragen. Die Dinge hatten sich so entwickelt, und sie glaubte fest daran, dass Gott seine Hand im Spiel hatte.

Sie würde es besser machen als ihre träge Vorgängerin. Sie würde weniger unsicher sein, denn sie fühlte sich in ihrer Gemeinschaft völlig integriert. Sie identifizierte sich mit dem Kloster, hatte ihm ihr ganzes Leben gewidmet. Die letzten zehn Jahre waren eine schwere Zeit für den Konvent gewesen. Einige Mitschwestern waren im hohen Alter gestorben. Auch wenn Schwester Benedicta ihnen die Ruhe gönnte, fehlten sie. Andere waren weggegangen, hatten eine andere Lebensentscheidung getroffen. Schwester Benedicta hatte das nie wirklich an sich herangelassen. Für sie war es eine Überlebensstrategie gewesen, auf ihre eigene Berufung zu schauen, und die hatte außer Frage gestanden: Hier, in dieser Abtei, in dieser Gemeinschaft war der Ort, wo Gott sie haben wollte, auch wenn sie allein übrigbleiben würde.

Es waren auch einige neue Mitglieder gekommen und wieder gegangen. Schwester Benedicta sah den Zuwachs vor allem als wichtigen Baustein für die Zukunft ihres Klosters. In der Hinsicht traf es sie, wenn andere der göttlichen Mission, die sie verfolgten, untreu wurden. Sie unterstützte jede Frau, die eintreten wollte. Sie respektierte ihre Berufung und förderte sie, wo sie konnte. Wenn sich herausstellte, dass sie keine Berufung hatte, war es wichtig, auf Abstand zu gehen. Sie passte dann nicht zum Kloster und damit auch nicht zu ihr. Ihre Vorgängerin war da anders gewesen. Sie hielt auch dann Kontakt zu ehemaligen Novizen, wenn sie die Gemeinschaft verlassen und enttäuscht hatten. Schwester Benedicta tat das nie, auch wenn sie durchaus ein gutes und enges Verhältnis zu manchen Novizinnen gehabt hatte. Wenn jemand ging, wurden die Reihen eben wieder geschlossen.

Jetzt musste sie als Äbtissin Benedicta also beweisen, dass sie tragen konnte, was sie selbst auf ihre Schultern geladen hatte. Dazu musste sie höchsten Ansprüchen genügen und zugleich demütig sein und sich stets vor Augen halten, dass es nicht um sie ging. Vielleicht war das der eigentliche Grund für ihre Unsicherheit: Sie wusste, dass beides ihr unendlich schwerfallen würde. In vielem fühlte sie sich nämlich insgeheim unfähig und unsicher. Sie scheute den Vergleich mit anderen. Auch dem direkten Vergleich mit den Leistungen ihrer Vorgängerin in deren jungen Jahren war sie stets aus dem Weg gegangen. Gerade deshalb hatte sie immer ihr eigenes Ding durchgezogen, hatte an ihrem Weg festgehalten. Es gab keine andere Wahl, das Leben als Äbtissin war ihre Bestimmung. Ab jetzt würde sie nicht mehr »Schwester«, sondern »Mutter Benedicta« sein. Als sie diese Anrede zum ersten Mal aus dem Mund ihrer eigenen Mutter hörte, die sie nach der Weihe besuchte, war sie glücklich und stolz.

Kleinmachen konnte sie sich nur schwer, auch wenn sie – ganz Nonne – immer das Gegenteil behauptet hatte. Vielleicht hatten beide Probleme – ihre manchmal krankmachenden Selbstzweifel und ihr manchmal übersteigertes Selbstbewusstsein – miteinander zu tun und gehörten zu ihrer Persönlichkeit. Vielleicht war sie genau darum schon als Kind auf der Suche nach einer Umgebung wie dem Kloster gewesen. Dort würde nämlich niemand ihre Identität in Zweifel ziehen, im Gegenteil, alle würden wissen, dass sie unverzichtbar war und ein Recht hatte, da zu sein. Ihr war wichtig gewesen, dass man in der klösterlichen Lebensform nicht infrage gestellt wurde. Bevor sie sich hinter Abteimauern zurückgezogen hatte, hatte sie sich nie getraut, auf sich aufmerksam zu machen, wenn Aufgaben zu verteilen waren. Nie hatte sie es gewagt, den Finger zu heben, wenn es darum ging, Führung zu übernehmen. Sie war immer nur gefolgt. Hier im Kloster war das Folgen einerseits vollkommen natürlich, aber zugleich blieb genügend Raum, selbst das Heft in die Hand zu nehmen. Man war quasi Chef im eigenen Ring und wurde von der klaren Struktur geschützt. Bis jetzt. Denn nun war sie selbst mit einem Mal der Maßstab für ihre Ansprüche, und das machte ihr Angst.

Bei ihrer Aufnahme in die Schwesterngemeinschaft war ihr der Klostername Benedicta angetragen worden. Nach dem Ordensgründer Benedikt von Nursia benannt zu sein, hatte sie stolz gemacht. Jetzt war der Name ihr eine Bürde. Das Äbtissinnen-Kreuz, das sie seit dem Tag ihrer Wahl trug, erinnerte sie an die riesigen Fußstapfen, in die sie nun treten musste. Sie umarmte es, wie Christus sein Kreuz umarmt hatte. Trotz aller Angst gefiel es ihr insgeheim, nun voll ausleben zu können, wovon sie immer geträumt hatte: die Führung auf sich zu nehmen. Würde es den Menschen in ihrer Umgebung auch gefallen, ihr zu folgen? Ihren Mitschwestern und den wenigen Freunden, die sie außerhalb des Klosters hatte? Sie wusste es nicht. Nachdem es ihr wieder besser ging, machte sie sich gleich ans Werk. Sie würde die Abtei mit Leben füllen, koste es, was es wolle. Sie würde ihrer Verantwortung nicht aus dem Weg gehen und die Stärke haben, in ihre neue Führungsrolle zu wachsen.

Die ersten beiden Jahre ging das gut. Mutter Benedicta kommunizierte mit allen im Kloster. Sie hielt wöchentliche Konvent-Sitzungen, was ihre Vorgängerin kaum mehr getan hatte. Sie schrieb der Gemeinschaft, wenn sie außer Haus war, was bei Tagungen besprochen wurde. Alle sollten ihren Weg mitgehen können. Sie sprach mit allen Mitschwestern. Und es meldeten sich auch wieder neue Aspiranten für das Klosterleben. Ihr Ausgangspunkt war, was ihr Namenspatron für unerlässlich hielt, nämlich den Rat der Gemeinschaft: »Sooft etwas Wichtiges im Kloster zu behandeln ist, soll der Abt die ganze Gemeinschaft zusammenrufen, und selbst darlegen, worum es geht. Er soll den Rat der Brüder anhören und dann mit sich selbst zu Rate gehen. Was er für zuträglicher hält, das tue er« (RB 3,1–2).

Mutter Benedicta hatte es als heilsam erfahren, wie konstruktiv alle sich beteiligten. Genau so hatte sie sich Führung immer vorgestellt. Zudem war sie, so konnte sie nach bestem Wissen und Gewissen sagen, unparteiisch und gerecht. Auch das lehrte sie der große Abt von Montecassino aus dem sechsten Jahrhundert: »Dass aber alle zur Beratung zu rufen seien, haben wir deshalb gesagt, weil der Herr oft einem Jüngeren offenbart, was das Bessere ist« (RB 3,3).

Letztlich hatte sich aber auch von Anfang an das Bewusstsein durchgesetzt, dass *sie* es war, die die Entscheidungen traf. Als dann irgendwann doch vorsichtiger Widerspruch aus der Gemeinschaft kam, versuchte sie, redlich damit umzugehen. Ihr Verantwortungsgefühl machte es ihr jedoch unmöglich, ihn zuzulassen, geschweige denn zu befolgen, denn *sie* war es letztlich, die Rechenschaft würde ablegen müssen. Nicht irgendwo, nicht relativ, sondern im Licht der göttlichen Berufung, die sie alle miteinander teilten. Alles fiel durch diesen Universalanspruch in *ihren* Zuständigkeitsbereich. Wenn andere ihre eigenen Vorstellungen einbrachten, war das willkommen und gut, solange es in den Rahmen dessen passte, was *sie* für das Richtige hielt. Das »Bessere«, von dem die Regel sprach, war ihr nicht genug. Nein, das Richtige war eine eindeutige Kategorie, der sie sich nicht entziehen durfte.

Irgendwann kehrte sich die Reihenfolge ihres Handelns um, ohne dass sie es bemerkt hätte: Sie bat die Schwestern nicht mehr so oft zum Rat, um ihre Entscheidung treffen zu können, sondern sie traf ihre Entscheidung und hatte im Rat die gute Absicht, alle davon zu überzeugen. Sie zog sich mehr und mehr aus dem alltäglichen Kontakt und dem kollegialen Gespräch mit den Mitschwestern zurück. Bewusst war ihr diese Entwicklung dann irgendwie schon, aber sie empfand sie nicht als falsch. Ihr blieb keine andere Wahl. So, wie die Dinge lagen, musste sie vorangehen, auch wenn sie dabei immer häufiger allein war. »Das Amt hat mich einsamer gemacht«, sagte sie zu ihrer Begleiterin, einer Außenstehenden, von der sie sich seit Kurzem helfen ließ. Begleitung war ihr willkommen, allerdings ging es dabei in erster Linie um sie selbst: ihre eigenen Gefühle, ihre Ängste, ihre Pläne und ihre Hoffnungen. Die Begleitung machte die Einsamkeit nicht kleiner, denn sie verlor die anderen immer weiter aus den Augen. Dennoch florierte das Kloster, und als Äbtissin war sie bereit, dafür jedes Opfer zu bringen, das nötig war.

Mutter Benedicta legte viel Wert auf Form. Auch das war schon immer so gewesen. Als junge Nonne hatte es ihr geholfen, den Habit tragen zu können. Wenn sie außer Haus in bürgerlicher Kleidung unterwegs gewesen war, hatte sie sich nackt gefühlt. Dieses Formbedürfnis hatte sich verstärkt. Je länger sie im Amt war, umso strenger war sie, was die »Klosteretikette« anging, nicht zuletzt in Bezug auf ihre eigene Person. Sie unterschrieb ihre Briefe zwar mit »Sr. Benedicta«, doch es war ihr lieber, von ihren Mitschwestern auch in ganz alltäglichen Situationen als »Mutter Äbtissin« angeredet zu werden. Sie erinnerte sich erneut daran, wie ihre Mutter sie vor Jahren so genannt hatte. Was damals eine Bestätigung gewesen war, wurde nun zu einem Formzwang. Was war nur passiert? Hatte sie nicht gerade die Distanz zur Gemeinschaft und den Einzelnen bei ihrer Vorgängerin als großes Problem erfahren? Sicher, doch bei ihr war es anders. Die Distanz, die sie pflegte, war notwendig, um einen klaren Kurs einhalten zu können, der – da war sie sich immer noch sicher – zum Guten führen würde.

Es war bei einer Sitzung ihres Konvents, als sich auf einmal der Ton änderte. Sie spürte Misstrauen und Verunsicherung. Waren alle Projekte tatsächlich so gut, so sinnvoll und so gewollt, wie

Mutter Benedicta dachte? Fühlten die Schwestern sich wahrgenommen und anerkannt? Wenn sie ehrlich war, wusste sie das nicht mehr. Einige Schwestern äußerten ihr Unbehagen. Sie hatten das Gefühl, nicht wirklich mitgenommen zu werden, wenn es um große und kleine Projekte ging. Aber Mutter Benedicta hatte das Gefühl, dass doch alles so gut lief. Ging es nicht ums große Ganze, wofür man im Kleinen Kompromisse machen musste? »Nein«, sagte eine Schwester. »Im Kleinen muss man tun, was dem gemeinsamen Empfinden entspricht, dann wird sich das große Ganze von selbst fügen.« Aus ihren Worten hatte so viel Gottvertrauen gesprochen, dass es für die Äbtissin beinahe unmöglich war, etwas darauf zu erwidern. Dann sprach sie über ihre eigenen Ängste, ihre Not, ihre Hilflosigkeit. Sie weinte. Und sie wollte nur noch eins: abtreten, und das sagte sie auch. Sie konnte sich nur schwer vorstellen, wie diese Botschaft auf ihre Mitschwestern wirken würde. In den Tagen nach der Sitzung ging aber alles weiter wie bisher, das Thema wurde einfach totgeschwiegen.

Mutter Benedicta nahm sich vor, bei sich selbst zu beginnen, um besser für die Gemeinschaft da sein zu können. Sie würde sich mehr Auszeiten gönnen, dann wäre sie auch eher in der Lage, die anderen wahrzunehmen. Denn vielleicht war es ja tatsächlich so, dass Gott zu ihnen sprach und nicht nur zu ihr. Vielleicht war ihre vorgefertigte Meinung genauso relativ wie die Einschätzung jeder ihrer Mitschwestern. Zu großen Veränderungen führte das nicht. Sie blieb am Ende schließlich verantwortlich, und das konnte ihr keiner abnehmen. Irgendwann kamen aber doch Reaktionen aus dem Konvent. Einige sagten, dass sie sie entlasten wollten, dass sie auch bereit wären, Verantwortung zu übernehmen. So gut sich das auch anhörte, die Regel, nach der sie im Kloster zusammenlebten, war eindeutig: Die Äbtissin musste letztlich für alles geradestehen, ob sie es nun wollte oder nicht. Trotzdem nahm sie ernst, was nicht zu leugnen war: Sie konnte nicht alles tun und sie musste auch nicht alles selbst tun, denn es gab vieles, worin andere besser waren als sie. Nun lag es an ihr, das umzusetzen. Und eigentlich begann die Aufgabe, wirklich die Führung zu übernehmen, jetzt erst.

Die wichtigste Konstante in ihrem Klosterleben war stets das Gebet gewesen. Im Chor mit den Mitschwestern, aber vor allem auch in der Stille ihrer Zelle. Schon oft hatte sie in solchen Momenten eine Antwort bekommen, so auch jetzt. Sie würde weitermachen, nicht abtreten. Nur wie sollte das gehen? Sie fühlte immer noch eine große Last auf ihren Schultern, und angesichts der Aufgaben, die sich vor ihr auftürmten, verließ sie wieder der Mut. Eine Begegnung mit einer Schwester aus einem anderen Kloster veränderte ihren Blick erneut. Sie sagte: »Vielleicht sind die anderen ja genauso Stellvertreter Christi wie du. Vielleicht musst du ihre Erfahrung genauso annehmen wie sie deine. Vielleicht ist das kein Kompromiss, sondern ein Geschenk.«

Ja, das wollte Schwester Benedicta, von ganzem Herzen. Das Gespräch half ihr endlich zu erkennen, dass sie zwar die Leiterin war und Verantwortung trug, dass andere das aber genauso für sie taten. Der »gegenseitige Gehorsam« (RB 71,1–2) galt nicht nur ihr. Er verlangte ihr ab, dass sie auch Mitschwestern, die ihr unfähig erschienen, als das akzeptierte, was sie waren: Weggefährtinnen, die man unterwegs empfangen musste »wie Christus« (RB 53,1). Es stand ihr nicht zu, hier einen Exklusivanspruch geltend zu machen. Sollte das tatsächlich der Weg sein? Sie träumte davon, die Leitungsstruktur der Abtei zu verändern. Sie würde Mitschwestern vollkommen eigenverantwortlich arbeiten lassen. Und im Stillen dachte sie dabei an ihre

Vorgängerin – hatte diese nicht genau das getan? Sie schämte sich dafür, wie geringschätzig sie sie betrachtet hatte.

Damit begann ein Weg, dessen Ende Mutter Benedicta nicht kannte. Sie wusste nicht, ob er gelingen würde. Sie zweifelte daran. Zu oft war sie enttäuscht worden. Die Schwester aus dem anderen Kloster sagte zu ihr: »Vielleicht hast du die anderen auch enttäuscht.« Das hatte sie nicht bedacht. Sie sah ein, dass sie sich nie wirklich würde ändern können. Bestimmte Eigenschaften trägt man vom Mutterschoß an in sich, ob sie einem gefallen oder nicht. Es wäre naiv, zu sagen, dass man mit einem Mal jemand anderes geworden ist. Das entband einen jedoch nicht von der Verantwortung, im Gegenteil. Man stand umso mehr in der Pflicht, immer wieder an sich selbst zu arbeiten. Dafür war Milde wichtig. Sie las im letzten Kapitel der Benediktsregel: »Ihre charakterlichen und körperlichen Schwächen sollen sie mit unerschöpflicher Geduld ertragen« (RB 72,5). Wenn man die Schwäche von anderen erkannte, durfte man nicht einfach seine Schlussfolgerungen daraus ziehen, denn sie disqualifizierten die anderen nicht. Wenn man Schwächen bei sich selbst wahrnahm, durfte man sich aber auch nicht darauf verlassen, dass die anderen sie schon ertragen würden. Nein, man konnte sie nur in Demut und grenzenlosem Vertrauen darum bitten. Um dieses Vertrauen begann Schwester Benedicta zu werben. Sie ließ sich wieder als »Schwester« ansprechen und war erleichtert. Wo sollte das Vertrauen nur herkommen? Letztlich war dafür ein Gottvertrauen nötig, eine felsenfeste Überzeugung, dass man gemeinsam die Verantwortung im Namen des Höchsten trug. Und Glauben hatte sie, so viel wusste sie. Könnte sie doch nur die Welt verändern, könnte sie die Regel neu schreiben und ihre Bürde etwas erleichtern, sie würde es tun. Doch dafür blieb erst einmal keine Zeit, dafür gab es im

Alltag einfach zu viel zu erledigen. Sie trat nicht ab, sie machte weiter – und sie betete.

Gedanken zum Führen

Wenn man Verantwortung übernimmt, kann das aus einem großen Enthusiasmus heraus geschehen. Man glaubt heilig daran, in der Familie, bei der Arbeit, in einem Verein oder einer Klostergemeinschaft etwas in Bewegung bringen zu können. Die Ernüchterung, dass die Realität manchmal anders aussieht, als man es sich wünschen würde, folgt zuweilen schnell. Nicht alles, was wünschenswert ist und unseren hehren Zielen entspricht, ist realisierbar. Das kann zu Frustrationen, aber auch zu dem gut gemeinten Schluss führen, dass man es – zum Wohle aller – eben selbst tun muss. Wenn man dann seinen eigenen Ansprüchen nicht gerecht werden kann, fühlt man sich unverstanden und gescheitert. Andere, mit denen man die Verantwortung teilen könnte, verliert man aus den Augen.

Das ist eine Sackgasse, die man nicht bewusst angesteuert hat. Gespräch ist kaum mehr möglich und Vertrauen scheint zu schwinden. Die eigentliche Herausforderung besteht dann darin, die Illusion loszulassen, dass die Wirklichkeit sich nur an den eigenen Ansprüchen abmessen ließe und andere, so bedauerlich das auch ist, eben nicht sehen, was das Beste ist. Die Enttäuschung, die sich früher oder später einstellt, wenn man merkt, dass es nicht gelingt, alles allein zu stemmen, sitzt tief. Sie stellt uns vor eine existenzielle Herausforderung: Habe ich nicht völlig falsch verstanden, was es heißt, Menschen zu führen? Habe ich vergessen, dass auch ich anderen folgen muss? Ist nicht mein selbstverständlicher Ausgangspunkt, dass ich durch meine Talente sehen kann, was andere nicht sehen, einseitig, vielleicht sogar falsch?

Wer bereit ist, Verantwortung zu tragen, setzt sich damit auch immer Risiken und Gefahren aus. Sie reichen von Selbstüberschätzung über Selbstzweifel bis hin zu Neid und Eifersucht und haben daher nicht nur mit der je eigenen Person, sondern auch mit der Persönlichkeit der Menschen zu tun, die davon mit betroffen sind. Die Einsicht, dass es nicht nur um die eigene Verantwortung geht, sondern man den anderen auch gerecht werden muss, führt manchmal eher zur Gering- als zur Wertschätzung: »Ich würde ja gern, aber leider kann ich nicht – wer soll es denn sonst machen?« Die Folge ist häufig Vereinzelung und Vereinsamung.

Die Lösung eines solchen Konflikts hängt nicht in erster Linie von Kommunikations- und Organisationsprinzipien ab, sondern von einer radikalen Selbstreflexion mit spiritueller Grundlage. Doch auch damit ist ein Risiko verbunden: Wenn der spirituelle Maßstab so sakrosankt ist, dass er einen beinahe erdrückt, kann er zu einer Übersteigerung der eigenen Verantwortung führen, die die Vereinsamung noch größer macht. Es braucht also eine Grundlage, die dem Menschen Raum bietet. Das funktioniert nur mit grenzenlosem Vertrauen und flexibler Aufgabenverteilung.

Man kann daher durchaus kritisch fragen, ob die Position des Abtes, wie sie in der Benediktsregel festgeschrieben ist, heutigen Menschen, die Teil eines komplexen Netzwerks von mündigen Mitgliedern sind, entspricht. Denn letztlich scheint die sakrale Legitimation keinen anderen Schluss zuzulassen, als dass die alleinige Verantwortung in den Händen einer einzigen Person liegt. Was im sechsten Jahrhundert ein Ideal war, das einer

Gemeinschaft Unabhängigkeit möglich machte, wird modernen Ansprüchen vielleicht nicht mehr gerecht. Es ist daher wohl auch kein Zufall, dass es in vielen Klöstern heute schwierig ist, einen Abt oder eine Äbtissin zu finden. Diejenigen, die es gerne werden wollen, finden keine Mehrheit, und die diejenigen, die man für geeignet hält, wollen die Aufgabe nicht übernehmen. Auch Mutter Benedicta wäre vielleicht nie zur Äbtissin gewählt worden, wenn es Alternativen gegeben hätte.

Außerhalb des Klosters stellen sich dieselben Fragen, wenn auch vielleicht weniger ausdrücklich: Auf welcher Basis stehe ich, wenn ich die Führung übernehme? Ist der Anspruch, dass andere folgen sollen, wirklich gerechtfertigt? Worauf verlasse ich mich, wenn ich anderen gerne folge? Stehle ich mich dann nicht aus meiner eigenen Verantwortung? Wenn man sich diesen Fragen nicht stellt, sind unlösbare Konflikte vorprogrammiert. Der Weg, mit Verantwortung verantwortlich umzugehen, kann nur der sein, dass man die Menschen in seiner Umgebung und auch die eigene Person mild im Licht eines letztendlichen Ideals sehen kann, das über allem steht. Dieses letztendliche Ideal ist nie ein Projekt, sondern die Gemeinschaft, selbst wenn man nicht die optimalen Resultate erzielen kann. Nur wenn uns die Gemeinschaft mit anderen heilig ist, sind wir in der Lage, unsere eigenen Ansprüche loszulassen. Diese Heiligkeit bedeutet nicht Unantastbarkeit oder Unveränderlichkeit. Sie bedeutet vor allem, nicht zu schnell eine Meinung über sich selbst und die Menschen in seiner Umgebung zu haben. Ich kann meine eigene Stärke genauso ertragen wie meine Schwäche, wenn ich tatsächlich auf andere höre, ohne mich dadurch gleich bestätigt oder angegriffen zu fühlen. Das ist wohl, was man heute »corporate leadership« nennt, und nur das ist mit dem heiligen Fundament von Führen und Folgen in der Benediktsregel zu verbinden.

Wann fällt es mir schwer, der Verantwortung, der ich mich gerne stelle, gerecht zu werden? Wie kann ich mit meinen eigenen Ansprüchen umgehen, die mir selbst so natürlich erscheinen und mich doch zu erdrücken drohen? Wie verhalte ich mich in meinem Innern zu Menschen, die anders sind als ich, und wie begegne ich ihnen? Mutter Benedicta konnte diese Fragen nicht beantworten. Wohl versuchte sie nach langem Ringen, sich ihnen zu stellen. Die Möglichkeit dazu bot ihr das Gebet, es fachte ihr Vertrauen wieder an. Was immer »Gebet« für jeden Einzelnen bedeuten mag: Es geht darum, ein anderes, höheres Licht auf das Leben scheinen zu lassen. Man wundert sich, was dann alles möglich ist.

Demut:

Vom Selbstbewusstsein

»Wer bescheiden ist, kommt weiter im Leben« – wenn man Kindern diesen Grundsatz nahezubringen versucht, wird man oft nicht mit spontaner Zustimmung rechnen können. Was soll so gut daran sein, wenn man immer so tut, als sei man nichts wert? Warum sollte man alles, was man gut kann, kleinreden? So verstanden würde es um falsche Bescheidenheit gehen, und die kann kaum dazu beitragen, dass Kinder ein gesundes Selbstbewusstsein entwickeln. Duckmäusertum und Bequemlichkeit sind natürlich etwas ganz anderes als eine bescheidene, unprätentiöse Art, Aufgaben anzugehen. Dennoch ist es oft ein schmaler Grat, wenn man sowohl dem Tabu, sein Selbstbewusstsein nach außen zu zeigen, als auch dem Vertrauen auf die eigenen Fähigkeiten gerecht werden will. Daraus entsteht häufig die Frage: Wer bin ich, wenn ich eigentlich nie ich selbst sein darf – aus falscher Bescheidenheit? Das kann zu Minderwertigkeitsgefühlen führen, aber auch zu einem übersteigerten Selbstbewusstsein. Wenn man es in seiner Entwicklung allen zeigen will, weil man sich immer kleinmachen musste, ist es eine reelle Gefahr, dass man dem eigenen Anspruch nicht mehr gerecht werden kann. Sich in seiner Entwicklung allen übertriebenen positiven und negativen Zwängen zum Trotz ein gesundes Selbstbewusstsein zu bewahren, ist eine Herausforderung, die schnell überfordern kann.

In Klöstern scheint die Bescheidenheit eine geistliche Grundlage zu bekommen. In der Benediktsregel ist der Tugend der Demut das längste Kapitel gewidmet. Darin scheint unmissverständlich gesagt zu werden, dass man vor allem nichts tun soll, was die eigene Person stärkt: »Durch Selbsterhöhung steigen wir hinab und durch Demut hinauf« (RB 7,7). Doch ist Demut dasselbe wie Bescheidenheit? Vielleicht ist mit »Selbsterhöhung« auch nur eine eitle Selbstverherrlichung gemeint, und kann Demut durchaus die eigene Person stärken, indem sie vor einem Egotrip schützt. Trotzdem: Ein gesundes Selbstbewusstsein muss doch noch nicht egozentrisch sein? Auch wer dafür in der benediktinischen Spiritualität Orientierung sucht, hat es nicht leicht. In der folgenden Geschichte wird am Selbstbewusstsein von Bruder David gekratzt, als er die Demut kennenlernt und zugleich hoch hinaus will.

Bruder David

Bruder David wollte nie jemandem etwas Böses und war sich für nichts zu schade. Er liebte es, wenn andere ihn mochten. Als Kind war er der Liebling aller, doch nichts lag ihm ferner, als sich für etwas Besonderes zu halten. Es war auch niemand da, der es ihm hätte sagen können. Seine Freundlichkeit wurde von allen geschätzt. Er grüßte alle Leute auf der Straße schon von Weitem. Er wurde verlegen, wenn Menschen ihn lobten, und lächelte bescheiden. Seine Mutter hatte ihm genau das immer eingebläut: »Eigenlob stinkt, und man ist immer freundlich. Man ist überrascht, wenn jemand außergewöhnlich findet, was man leistet, und man zeigt nicht, wenn einem die Gegenwart des anderen gegen den Strich geht. Man ist unauffällig und für andere da. Im Mittelpunkt stehen, das macht man nicht.« Genau das war Bruder David zur zweiten Natur geworden. Doch insgeheim, im stillen Kämmerlein, träumte er wie so viele kleine Jungen davon, dass ihm die Herzen zufliegen, nicht, weil er tat, was man von ihm erwartete, sondern für etwas, das nur er konnte. Alles, was er in sich hatte, würde irgendwann nach außen kommen.

Er wusste, dass er in Wirklichkeit nicht der bescheidene Junge war, den der Freundeskreis seiner Eltern und die Nachbarn so mochten. In manchen schwachen Momenten blitzte jene andere Seite von ihm auf: Er wollte für sich einen Platz erobern. Er war ein guter Organisator und hatte stets den Überblick, konnte abwägen, was am klügsten war. War der Grund, warum er sich so unscheinbar gab, dass dies ihn letztlich in der Umgebung seines kindlichen Lebens am Weitesten bringen würde? Als er in die Pubertät kam und sein Selbstvertrauen wuchs, wusste er, dass die Rolle, die er spielte, nicht von Dauer sein würde. Er wollte anders sein als seine Eltern, denen es immer um nichts anderes gegangen war, als anderen zu gefallen. Ob sie sich selbst wohl jemals gefallen hatten? Bruder David wusste es nicht, doch er bezweifelte es. Er gefiel sich selbst durchaus, war glücklich, indem er sich arrangierte. Wenn die Bescheidenheit dazu ein probates Mittel war – warum nicht? Das hatte funktioniert, bis er seine eigenen Wünsche und Leidenschaften nicht mehr unterdrücken konnte und neue Wege gehen musste.

Er kam leicht durch, und in der Schule war er einer von vielen. Nur manchmal fiel er auf, wenn seine Talente zum Vorschein kamen. Er hatte schon als Kind gut Gedichte schreiben können, erst zu Anlässen wie der Silberhochzeit seiner Eltern oder zu Karneval, später auch einfach nur so. Das hatten manche in seiner Klasse nicht gut vertragen. Sie waren neidisch darauf, dass sie selbst nicht solche Ideen hatten, das dachte jedenfalls

Bruder David. Sie konnten es nicht aushalten, wenn ihm etwas gelang, das ihm einfach so zuflog, ihnen selbst jedoch auch mit Mühe nicht gelang. Das konnte Bruder David nicht verstehen, denn er achtete ganz bewusst darauf, sich nicht ins Rampenlicht zu drängen. Es wäre ihm auch kaum möglich gewesen, denn seine Mutter hielt ihm immer wieder entgegen: »Mach nicht zu viel Tamtam! Bleib auf dem Teppich!« Daran hatte er sich scheinbar gehalten, doch er wusste nur zu gut, dass es ihm eigentlich darum ging, akzeptiert zu werden.

Der Hilferuf von Bruder David, der doch eigentlich nur so sein wollte, wie er wirklich war, wurde von keinem gehört. War er ein Hochstapler, der genau wusste, dass er andere mit seiner Duckmäuserei hinters Licht führte? Stellte er sich bewusst schlechter dar, als er war, nur damit andere ihn mochten? Er wollte doch eigentlich nur allen helfen, denn er wusste, dass er das konnte. Wenn man ihn doch nur lassen würde, und wenn er sich doch nur getraut hätte. Und dann kam die Gelegenheit, als im siebten Schuljahr ein Klassensprecher gewählt werden musste. Seine Mutter hatte ihm gesagt: »Kandidiere nicht, so etwas machen wir nicht, das sollen andere tun.« Doch er hatte zum ersten Mal seinen eigenen Kopf durchgesetzt. Er wollte sich nicht drücken und der Herausforderung nicht aus dem Weg gehen. Er würde das Selbstbewusstsein haben, sich der Wahl zu stellen. Und dann gewann er die Wahl mit überwältigender Mehrheit. Als er zu Hause davon erzählte, freute seine Mutter sich. Das wunderte ihn, doch schließlich freute er sich mit ihr. Jetzt konnte er endlich er selbst sein und brauchte sich nicht mehr zu verstecken.

Er erfüllte seine Aufgabe sehr gut. In den kommenden Jahren wurde er wiedergewählt. Bei verschiedenen Veranstaltungen, bei denen er als Klassensprecher die Schülerinnen und Schüler vertrat, schätzten alle ihn und mochten seine bescheidene und doch souveräne Art. Da war sie also wieder, die Bescheidenheit. Er konnte mit ihr glänzen und so noch besser erscheinen. Dabei wusste er genau, was er tat, rechnete sich das beste Ansehen aus. Er hatte nie daran gezweifelt, dass das so richtig war. Bruder David war stets der natürliche Mittelpunkt des Geschehens, ohne sich selbst in den Mittelpunkt zu drängen. Zumindest fand er, dass er das nicht tat. Auch wenn man ihn nie dabei ertappen konnte, anderen die Schau zu stehlen, passierte es dennoch. Das war unvermeidlich und leider nicht sein Problem. Und mit einem Mal – zum ersten Mal in seinem Leben – regte sich Widerstand gegen ihn. Die Einsamkeit, der er durch seinen Status als Klassensprecher entkommen war, war wieder da. Denn viele mieden ihn, trauten ihm nicht mehr über den Weg. Nach drei Jahren wurde er aus dem Amt gewählt. Seine Eltern und Lehrer sagten, so eine Berg- und Talfahrt komme in der Pubertät nun einmal vor. Er werde schon wieder in die Spur kommen, wenn er sich einmal die Hörner abgestoßen habe. Seine Noten wurden schlechter, waren aber immer noch gut genug, um ohne allzu große Mühe durchzukommen.

Doch die zunehmende Einsamkeit führte zu einer inneren Unsicherheit. Er musste immer hundertprozentig wissen, dass er sich auf die Menschen in seiner Umgebung verlassen konnte, und erwartete von ihnen bedingungsloses Vertrauen. Das war nicht zu viel verlangt, denn umgekehrt konnte man sich auch auf ihn verlassen. Ein kleiner Kreis von Freunden, mit denen er alles teilte, die ihn verstanden und denen er nichts beweisen musste, das war ihm genug. Er tat alles für sie, ließ sie wachsen und setzte seine Kreativität zu ihrem Wohl ein. Oder ging es ihm dabei viel mehr um ihn selbst, als er wahrhaben wollte? Hatte sich die Bescheidenheit, die seine Mutter ihn gelehrt hatte, endgültig in ihr Gegenteil verkehrt?

Auch in anderer Hinsicht brachte die Bescheidenheit ihm Schwierigkeiten ein. Bruder David konnte nicht Nein sagen. Das machte »man« nicht, auch das hatte er schon als Kind gelernt. Sich selbst nicht so wichtig zu nehmen, für andere da zu sein, das war es, worauf es ankam. Und so fiel es ihm mehr als schwer, anderen emotional eine Absage zu erteilen. Eine Freundin hatte mehr von ihm gewollt – und er hatte ihr nicht sagen können, dass er sie zwar mochte, aber nicht liebte. Bis die Situation eskaliert war und er sie so hart und scheinbar emotionslos zurückgewiesen hatte, dass der Kontakt komplett abgebrochen war. Anderen war er wiederum zu nahe getreten. Sein Verlangen nach Liebe und sein Bedürfnis nach Sicherheit ließen ihn bedingungslos da sein für die Menschen, die ihm am Herzen lagen. Wenn sie das nicht zulassen konnten, war es eine Frage der Zeit, bis er eine Grenze überschritt. Wenn man etwas nur von ganzem Herzen wollte, so dachte Bruder David, war überall, wo ein Wille war, auch ein Weg. Das hatte zu Zerwürfnissen geführt. Zwei Freunde hatten seine Nähe nicht mehr ertragen können und waren verschwunden wie Diebe in der Nacht. Darunter hatte Bruder David gelitten.

Auch wenn er es nicht wahrhaben wollte, hatten solche Brüche ihn immer wieder in heftige Krisen gestürzt: wenn Menschen ihn enttäuschten, wenn man ihm nicht den Raum ließ, den er brauchte, wenn er nicht er selbst sein konnte, nur weil andere ihn nicht ertrugen. Er wusste, dass er nicht aus seiner Haut konnte, und fragte sich ein ums andere Mal, wer er nun wirklich war. In einer dieser Phasen war ihm klar geworden, dass sein bisheriges Leben nur ein Vorspiel zu einem besonderen, einmaligen Weg war. Er begann wieder zu schreiben, Gedichte und Geschichten. Sie handelten alle von seinem Bedürfnis, dazuzugehören, und davon, er selbst sein zu können. Seine Sprache war nicht bescheiden, wie man es früher von ihm verlangt hatte. Sie war eher geheimnisvoll, undefiniert. Denn es gab keinen Zweifel, dass es richtig war, sich selbst zu suchen und andere daran teilhaben zu lassen.

Dem hatten sich immer wieder Leute in seiner Umgebung angeschlossen. Eine verschworene Gemeinschaft, deren Mittelpunkt er war. Er würde alles dafür tun, seiner Berufung zu folgen, mit einem Kreis von Menschen um sich, die der gemeinsamen Mission dienten, oder doch eher der Seinen? Diese Bereitschaft hatte auf jeden Fall etwas Heiliges. Bruder David konnte nicht unterscheiden, was seine Vorstellung und was die der anderen war. Er ging wie selbstverständlich davon aus, dass es nur *eine* Vision gab. Mit einem Mal war es ihm wie Schuppen von den Augen gefallen: Er musste seinen Weg viel radikaler gehen als bisher. Auch wenn er seine Biografie bis dahin wohl kaum mit solchen Worten beschrieben hätte, spürte er, dass er jetzt endlich seine Berufung vor Augen hatte.

Und so war es nur noch ein kleiner Schritt gewesen, sich für Bruderschaften zu interessieren, die im Zeichen des Heiligen lebten, bei denen Berufung im Mittelpunkt stand, Gemeinschaft gelebt wurde und niemand aufgrund seiner Fähigkeiten und Schwächen schief angeguckt wurde. Das war der Ort, an dem er den Spagat zwischen dem bescheidenen Jungen und dem selbstbewussten, eigenwilligen Mann schaffen würde. So war die Idee vom Kloster in sein Leben gekommen, und alles hatte so plausibel gewirkt. Sich dafür zu entscheiden, man selbst zu sein, bedeutete, dass man nicht mehr von äußeren Umständen abhängig war. Das Zuviel oder Zuwenig, das ihm so schwer zu schaffen gemacht hatte, würde es nicht mehr geben. Ein Freund sagte: »Wenn du das nicht nur tust, um dich interessant zu machen, finde ich es eine krasse Idee.«

Nein, es ging ihm nicht darum, interessant zu sein, für wen auch immer. Im Gegenteil, er wollte sich nun gerade der permanenten Versuchung entziehen, sich langweiliger oder interessanter zu machen, als er war. Er wollte sich auf sich selbst konzentrieren und war bereit, dafür auf vieles zu verzichten. In der Beschränkung würde er einen sicheren Rahmen finden, in dem er nicht mehr bescheiden sein und niemandem etwas beweisen musste. Doch würde er sich im Kloster so beschränken müssen, dass er sogar auf sich selbst verzichtete? Wäre ein mögliches Klosterleben ansonsten nichts anderes als die Maske des netten Jungen von früher? Bruder David zweifelte daran, dass er sich selbst loslassen konnte, aber er schob die Zweifel beiseite.

Er begann, Bücher über das Klosterleben zu lesen. Und war erstaunt, dass die Bescheidenheit, der er eigentlich versucht hatte zu entgehen, hier oft unter einem anderen Namen zurückkam. Hier hieß sie: Demut. In der Regel des heiligen Benedikt las er beispielsweise: »Der Mönch erklärt nicht nur mit dem Mund, er sei niedriger und geringer als alle, sondern glaubt dies auch aus tiefstem Herzen« (RB 7,51). Das war eindeutig keine falsche Bescheidenheit, sondern eine echte Selbsterniedrigung, die einem da abverlangt wurde. Aber konnte man jemandem wirklich vorschreiben, was er aus tiefstem Herzen glauben muss? Bruder David tat sich schwer mit diesem Glauben. Er hätte es als Heuchelei empfunden, wenn er von sich selbst angenommen hätte, daran zu glauben, so wie er auch als Jugendlicher seine eigene falsche Bescheidenheit entlarvt hatte. Dennoch faszinierte ihn der Gedanke, dass man sich den Versuchungen der Egomanie und der Selbstkasteiung vielleicht irgendwie entziehen konnte.

Mancher Mönch, mit dem er gesprochen hatte, war schon lange vor ihm zu der Erkenntnis gelangt, dass das ein schwieriger und nicht immer eindeutiger Weg war. Ein alter Abt hatte ihm bei einem Besuch im Kloster gesagt: »Hüte dich vor den Demütigen, denn das sind die Schlimmsten.« Bruder David hatte vieles aus seinem Leben in dieser Aussage wiedererkannt. Man hatte sich auch vor ihm, dem Bescheidenen, hüten müssen. Und manche ach so bescheidene Zeitgenossen waren ihm heimlich in den Rücken gefallen. Doch in derselben Benediktsregel las er, dass es letztlich Gott war, der als Maßstab gelten musste: »Sieht man etwas Gutes bei sich, es Gott zuschreiben, nicht sich selbst. Das Böse aber immer als eigenes Werk erkennen, sich selbst zuschreiben« (RB 4,42–43). Er hatte zwar große Probleme damit, dass einem hier nur die Fehler angelastet, nicht aber die Verdienste angerechnet wurden, doch ihm gefiel der Gedanke, aus der Hand geben zu können, was ihn ansonsten daran hinderte, der Realität ins Auge zu schauen. Wer das konnte, lebte wohl wirklich in der Gegenwart Gottes, denn er brauchte sich nicht mehr zu verstellen. Er konnte sich nicht mehr zum Gespött machen, aber auch nicht mehr über andere erheben, denn es ging um etwas, das größer war als jeder Erfolg oder Misserfolg. Gott war für ihn von nun an das Wort für das Heilige, das im menschlichen Miteinander zu finden war, im Geheimbund jener, die ihrer Vision folgten.

Im Gespräch mit dem alten Abt kamen sie auf seinen Namensvetter in der Bibel, König David, zu sprechen. Die majestätische Gestalt hatte ihm nie viel gesagt, denn er glaubte, von sich sagen zu können, keine Ambitionen zur Macht zu haben. Doch David war genau wie er ein unscheinbarer Junge gewesen, den niemand auf den Thron gesetzt hätte. Sein Vater Isai dachte nicht im Entferntesten daran, dass David etwas Besonderes sein könnte, und sagte zum Propheten Samuel, als dieser vermutete, es könnte sich um den zukünftigen König Israels handeln: »Der Jüngste fehlt noch, aber der hütet gerade die Schafe« (1 Samuel

16,11). Braver ging es kaum, David war der unprätentiösen Anweisung seines Vaters schlicht gefolgt und nicht zu Hause. Ein ganz normaler, bescheidener Knabe: »David war rötlich, hatte schöne Augen und eine schöne Gestalt« (1 Samuel 16,12). In der Geschichte wurden nicht seine Verdienste genannt, auch nicht seine Fehler, sondern etwas viel Wichtigeres: »Und der Geist des Herrn war über David von diesem Tag an« (1 Samuel 16,13). So hatte er sogar den Riesen Goliath besiegen können.

Bruder David fand, dass er rein gar nichts Königliches hatte, doch es faszinierte ihn, dass auch in bescheidenen Verhältnissen etwas Wunderbares passieren konnte, wenn man es einfach geschehen ließ. König David hatte wie er nur schwer mit seiner Lebenssituation umgehen können und war angefeindet worden, nicht zuletzt von Saul, seinem Vorgänger. Saul hatte nicht ertragen können, dass David in seiner unscheinbaren Haltung aufgrund seiner offensichtlichen Qualitäten beliebter war als er selbst. Als David die Gelegenheit hatte, sich zu rächen, tat er es nicht. Nachdem er einen Zipfel vom Mantel Sauls abgeschnitten hatte, bereute er sogar diesen kleinen Handgriff: »Der Herr bewahre mich davor, meinem Gebieter, dem Gesalbten des Herrn, so etwas anzutun und Hand an ihn zu legen, denn er ist der Gesalbte des Herrn« (1 Samuel 24,7). War David tatsächlich so demütig, dass er Gnade vor Recht ergehen ließ? Sein eigentliches Motiv war nicht Bescheidenheit, sondern das Bewusstsein, nicht selbst der Richter über Gut und Böse sein zu können. Der Herr war sein Hirte.

Die Geschichte vom König des alten Israels berührte Bruder David. Aber ihm war auch mulmig zumute. Sein Namenspatron war nicht einfach ein Held, der Menschunmögliches tat. Er hatte liebende Menschen um sich herum gebraucht. Sauls Sohn Jonathan war ihm ein intimer Freund, mit dem ihn eine innige

Liebe verband. Beide hatten sich bedingungslos vertraut. Doch seine Sehnsucht nach menschlicher Gemeinschaft war ihm in anderen Situationen auch zum Verhängnis geworden. Als er sich nach Batseba, der Frau von Uriah dem Hethiter, gesehnt hatte, war ihm jedes Mittel recht gewesen. Auch da war er der scheinbaren Liebe gefolgt, doch sein Anspruch war keineswegs demütig gewesen. Er hatte Uriah töten lassen, listig und auf Umwegen. Danach hatte er Batseba zur Frau genommen. Doch sein selbstherrliches Handeln führte in sein Verderben. Der Prophet Nathan hatte ihm seine Zukunft prophezeit: »Der Herr hat dir deine Sünde vergeben; du wirst nicht sterben. Weil du aber durch diese Tat den Herrn verworfen hast, muss der Sohn, der dir geboren wird, sterben« (2 Samuel 12,13–14). David war ein guter König geworden, doch von der Demut, mit der er Saul verschont hatte, war in den Momenten seiner Versuchung nichts zu spüren gewesen. Er war ihr erlegen.

Auf dem Weg zum Kloster hatte Bruder David viel darüber nachgedacht, welchen Versuchungen er selbst in seinem Leben schon erlegen war. Er war bescheiden gewesen, um den Leuten zu gefallen. Er war engagiert gewesen, um selbst gut dazustehen. Er war solidarisch gewesen, um nicht allein zu sein. War das alles falsch gewesen? Nein, das war es sicher nicht! Wohl hatte alles, was Menschen taten oder ließen, Folgen. Es ging also nicht darum, den moralischen Zeigefinger zu heben, sondern um ein ehrliches Bild von sich selbst. Würde Bruder David das im Kloster finden? Würden ihm seine Vergehen vergeben? Es war wohl Demut, trotz allem darauf zu hoffen. Wenn einem das gelang, wurde einem das Leben geschenkt. Er würde endlich wirklich er selbst sein.

Das Klosterleben war für Bruder David von Anfang an nicht leicht. Er widersetzte sich der geheuchelten Demut, die ihm begegnete. Er sah die Intrigen, die die Brüder spannen. Oft hatte er das Gefühl, in einer noch viel falscheren Welt gelandet zu sein, als es die Nachbarschaft seiner Eltern jemals gewesen war. Auch hier im Kloster war er zunächst der gern gesehene, bescheidene Bruder, der sich fügte und seine Talente in den Dienst der Gemeinschaft stellte, ohne sich etwas darauf einzubilden. Doch wie hätte es anders sein können – mit der Zeit fehlte ihm die Luft zum Atmen. Er konnte nicht anders, als die Dinge beim Namen zu nennen. Mit all seinen Talenten und Möglichkeiten verkümmerte Bruder David erneut. Wieder geriet sein Selbstvertrauen ins Wanken, stärker als zuvor. Wieder schrieb er sich den Kummer von der Seele. Seine Verse verstanden die Mitbrüder genauso wenig wie die Nachbarn und Freunde in der Schule. Doch im Kloster wurden ihm bald Aufgaben übertragen, denen er gewachsen war. Als er daran dachte, dass es schon in der Schule bei seiner ersten Wahl zum Klassensprecher genauso gewesen war, fürchtete er sich vor dem Tag, an dem es in der Mönchsgemeinschaft zum Bruch kommen würde. Er würde wohl nichts daran ändern können, denn manchmal waren die Dinge eben so und nicht anders.

Als er dem alten Abt wieder begegnete, der ihn vor den Demütigen gewarnt hatte, fragte Bruder David ihn um Rat. »Bedeutet Demut denn, dass ich jeden Unsinn akzeptieren und vor Ehrfurcht im Boden versinken muss?« Der Alte überraschte ihn ein zweites Mal. »Nein, sei du selbst«, sagte er. Und dann zitierte er den Politiker und Schriftsteller Dag Hammarskjöld: »Demut heißt, sich nicht zu vergleichen.« Das war für Bruder David wie ein Paukenschlag. Es ging also nicht darum, sich kleinzumachen oder zu ducken. Auch brauchte man sich nicht aufzublasen. All das waren Zeichen der Abhängigkeit vom Urteil anderer. Wenn man es schaffte, sich davon zu lösen, war man wirklich unabhängig. Bruder David wollte versuchen, im Kloster diese Unabhängigkeit zu leben. Er entspannte sich und suchte sich Aufgaben, die ihm entsprachen, ohne dass er damit anderen im Weg stand. Er sprach mit seinen Mitbrüdern über seine Ideen, ohne sich gleich bedroht zu fühlen und das Gefühl zu haben, sich rechtfertigen zu müssen. Doch er merkte auch, dass es ein langer schwerer Weg war, nicht gleich wieder dieselben Fehler zu machen und seine Unsicherheit anderen aufzubürden, weil er sich insgeheim von ihnen bedroht fühlte. Er hoffte, dass es ihm immer besser gelingen würde, sich nicht zu vergleichen, sondern wirklich seiner Mission zu folgen: Er selbst zu sein, gemeinsam mit anderen.

Gedanken zum Selbstbewusstsein

Wenn man ein gesundes Selbstvertrauen haben will, muss man zunächst die Frage stellen, wer man eigentlich ist. Das kann eine unendlich schwere Frage sein. Der Aufruf des Philosophen Sokrates in der Antike »Erkenne dich selbst« deutet darauf hin, dass das Problem allerdings auch schon so alt ist wie die Menschheit. Und doch sind Selbstzweifel in der modernen Gesellschaft sicher nicht seltener geworden als in früheren Zeiten. Das hat vor allem damit zu tun, dass Menschen gegenwärtig den Anspruch erheben, selbst zu bestimmen, wer sie sind.

Unendliche Freiheit scheint uns versprochen, doch ein grenzenloser Egotrip ist zuweilen die Folge. Nicht zufällig gibt es heute zahlreiche Angebote zur Selbstfindung. Fragen, die sich in den Generationen unserer Eltern und Großeltern kaum gestellt haben, werden bedeutsam und bestimmen mitunter das ganze Leben: Passe ich in die Rolle, die mir übertragen wird oder in die ich gedrängt werde? Bin ich wirklich das bescheidene Kind, der treusorgende Familienvater, der loyale Angestellte, der mannschaftsdienliche Sportler? Oder ist vieles von dem nur Fassade, und müsste ich eigentlich etwas ganz anderes tun, als mich demütig meinem Schicksal zu fügen?

Sowohl der Egotrip wie auch die sklavische Unterwerfung sind heute tabu. Wenn man ein zu großes Ego hat, dann »gehört sich das eigentlich nicht«. Aber wenn man immer nur buckelt, »wird man seiner Verantwortung nicht gerecht«. In beiden Fällen wird unser Selbstvertrauen vom Wettbewerb bestimmt, vom Vergleich mit anderen und dem, was sie von uns erwarten könnten. Für Bruder David ist dieser Vergleich sein ganzes Leben lang bestimmend. Sowohl, als er sich vorbildlich bescheiden gibt, als auch in der Phase, in der er Klassensprecher war und sich nicht davor scheute, diese Rolle anzunehmen, sie sogar anzustreben. In beiden Phasen sucht er nach Selbstverwirklichung, die ihm nicht wirklich gelingt. Denn ob man im Wettbewerb der Starken nun gewinnt oder verliert, letztlich liegt allem die Sehnsucht zugrunde, von anderen angenommen zu werden. Seine Versuche machen ihn nicht sympathischer, es fällt schwer, sich mit ihm zu identifizieren.

Seine Lebensgeschichte zeigt, wie wenig die Oberfläche zuweilen über unser Selbst aussagt. Bruder David hat das erkannt und sucht seinen Raum zur Selbstverwirklichung im Kloster. Das erscheint zunächst wie ein Widerspruch in sich. Geht es im Kloster nicht eher um die Selbstverleugnung? Zurecht reibt er sich an den destruktiven Tendenzen einer falsch verstandenen Demut und entlarvt sie als heimlichen Egotrip. Nicht nur im Kloster liegt die Versuchung auf der Lauer, sich im selbstlosen Gemeinschaftsleben in Wirklichkeit um sich selbst zu drehen und eine spirituelle Nabelschau zu betreiben. Kennen wir

Demut: Vom Selbstbewusstsein

solche Situationen, in denen wir anderen helfen, um besser dazustehen, oder in denen wir nachgeben, um für uns das Beste herauszuholen?

Natürlich, die Geschichte von König David, mit der unser junger Protagonist konfrontiert wird, zeigt, dass moralisch Verwerfliches die Folge eines misslungenen Selbstverhältnisses sein kann. Die Episode vom König und Batseba ist ein Beispiel von Machtmissbrauch, der katastrophale Auswirkungen hat. Das moralische Fehlverhalten Davids begründet sich dabei jedoch auf einem noch tieferen Niveau, nämlich dem Anspruch, für sich selbst um jeden Preis realisieren zu können, was man begehrt und für sein eigenes Wohlergehen für wichtig, ja unerlässlich hält. Der Schlüssel zum Problem ist sozialer und spiritueller Art. Wenn man aus einem unausgewogenen Selbstbewusstsein immer das Beste herausholen will, kann das für einen selbst und andere gefährlich werden. Man verliert dann die Demut aus den Augen und letztlich die Beziehung zu Gott.

Auch wenn Bruder David in unserer Geschichte kein gravierendes moralisches Fehlverhalten anzulasten ist, entstehen doch in verschiedenen Phasen immer wieder Situationen, in denen er zumindest unaufrichtig und manipulativ ist. Erst am Ende der Geschichte erkennt er, dass er sich sein Leben lang immer mit anderen verglichen hat und diese Vergleiche sein Selbstbild geprägt haben. Das verstellte ihm den Blick für den eigentlichen Sinn seines Lebens: seine Gaben und seine Herausforderungen als Geschenk anzunehmen, unabhängig davon, was andere davon halten. Das klingt einfach, ist jedoch unendlich schwer. Auch im Kloster gibt es Konkurrenz, Rivalität und Neid. Ein gutes Krisenmanagement bedeutet, immer auf der Hut zu sein und immer wieder zu reflektieren: Wer bin ich selbst und wer nicht? Welches Selbstbewusstsein macht mich zu einem besseren Menschen und wann stehe ich mir selbst und der Gemeinschaft, in der ich lebe, im Weg?

Spirituell gesehen ist es wichtig, sich von seinen Vorurteilen gegenüber dem Selbstbewusstsein zu lösen. Wir sollten immer kritisch danach fragen, wie das Verhältnis zu uns selbst und das zu den Menschen in unserer Umgebung ist, und zwar im Licht des Segens, der wir für die Welt sein sollen, ohne uns selbst oder andere zu verurteilen. Dann können wir in unserem Innern vielleicht erkennen, dass wir »vom Herrn gesegnet« sind wie König David, trotz allem. Dann müssen wir immer noch dafür geradestehen, was wir falsch gemacht haben, aber wir können uns selbst annehmen und werden von anderen angenommen, weil Gott uns annimmt. Ohne die heilige Pflicht der Selbstverwirklichung werden wir uns nie kennen, und das wäre ganz und gar nicht demütig, sondern das eigentlich Verwerfliche.

Stille:
Von innerer Ruhe

Heutzutage sind Menschen die Stille, in der sie bei sich selbst verweilen könnten, nicht mehr gewöhnt. Vieles in unserer Gesellschaft ist darauf ausgerichtet, jede – unerwünschte – Stille zu vertreiben. Wenn man will, ist immer etwas los, rund um die Uhr. Als das während des Lockdowns aufgrund der Pandemie seit dem Frühjahr 2020 nicht mehr der Fall war, zeigte sich schmerzlich, wie konfrontierend Stille sein kann: Wenn es auf einmal still wird, fällt einem die Decke auf den Kopf. Man wird so sehr mit sich selbst konfrontiert, dass man die Wände hochgehen möchte.

Es gibt jedoch auch eine heilsame Stille, die viele gerade in Klöstern suchen, wo sie nicht dazu gezwungen sind und dem Lärm des Alltags entgehen wollen. Die Gästehäuser vieler Abteien sind lang im Voraus ausgebucht. In Befragungen von Klostergästen zeigt sich, dass sie Oasen der Stille suchen, um abschalten und auftanken zu können. Die Stille ist scheinbar ein Mittel, das man gut dosieren kann. Doch damit wird man dem Bedürfnis, in Ruhe bei sich selbst zu verweilen, nicht automatisch gerecht. Denn Rhythmus und Melodie, die uns aus unserer Umgebung erreichen, müssen nicht schlecht sein, im Gegenteil. Und: Stille kann trügerisch sein und uns weltfremd machen, sodass wir nichts mehr wirklich wahrnehmen.

Es gibt genügend Beispiele dafür, dass Menschen, die ein zurückgezogenes Leben in der Stille führen, davon buchstäblich verrückt werden und sich selbst nicht mehr ertragen können. Genauso gibt es Beispiele, dass jemand, der ständig äußerlichen Reizen ausgesetzt ist, sich selbst nicht mehr wahrnimmt. Wir können aus dem Gleichgewicht geraten, wenn wir mitten im Blitzlichtgewitter der heutigen Kultur leben, aber auch, wenn wir uns in tödlicher Stille abschotten von der Welt. Die innere Haltung ist entscheidend, wenn wir wirklich zur Ruhe kommen wollen. Wer sich selbst wahrnehmen will, muss vor allem offen sein. Unsere äußeren Lebensumstände haben darauf einen Einfluss.

Wenn der Geräuschpegel auf Dauer nicht zu unseren Bedürfnissen passt, kann das zu einer Krise führen, gerade weil heute sowohl Lärm als auch Stille zu Konsumgütern zu werden scheinen, die sich heilsam, aber auch schädlich auf uns auswirken können. Ein Kloster legt einen starken Akzent auf äußerliche Stille, hat aber noch mehr mit innerer Ruhe zu tun. Daran zu arbeiten, ist eine Lebensaufgabe, die den Mönch in uns allen zum Leben erwecken kann, immer und überall. So erging es auch dem Partygänger Elias in der folgenden Geschichte, der seine Ruhe letztlich erst wirklich suchen konnte, als er die Gefahren des Lärms überstanden hatte und keine verkrampfte Stille mehr erzwang.

Elias

Stille war nie seine Sache gewesen. Wenn er spät nachts endlich zu Hause war, die Vorhänge zugezogen und die Türen seiner Wohnung abgeschlossen hatte, fiel ihm die Decke auf den Kopf,

Stille: Von innerer Ruhe

und ein bleierner Schlaf ließ ihn in eine leere Stille sinken, deren Gewicht auf seinen Träumen lastete. Elias wollte am liebsten jede Nacht zum Tag machen. Er brauchte Lärm um sich, um wirklich er selbst sein zu können. Er fand etwas Erhabenes in der Umtriebigkeit eines Events, das einem den Kopf freiblies. Er ging in jedem Stakkato-Rhythmus auf, spürte das Pulsieren in jeder Faser seines Körpers. Gemeinsam mit all den Menschen, die dieselben Bewegungen miteinander teilten, war er Teil eines großen Flows. Das waren Momente des vollen Lebens, und er liebte es, in einem Meer von Schwingungen unterzutauchen. Er konnte darin zur Ruhe kommen, so absurd ihm das auch manchmal vorkam. Der Lärm als Weg zur Stille? So verstanden kannte Elias durchaus Momente der Stille. Nur in seiner Wohnung fand er sie nicht. Dort fehlte ihm der Beat des Lebens.

Elias lebte in der Szene der Partygänger. Konzerthallen und Clubs für diverse Musikstile waren ihm zu Tempeln geworden. Denn er fand die Atmosphäre dort keineswegs aggressiv, im Gegenteil. Er war inzwischen über dreißig. Vielleicht wurde er ein bisschen zu alt für das Nachtleben, doch er fühlte sich noch genauso jung wie vor zehn Jahren. Und er konnte die Erfahrung der Ekstase heute noch viel mehr genießen als früher. Es war eine Festkultur, die ihn mit vielen aus seiner Generation verband. Er hatte oft keine Worte, nur sein Gefühl. Die gelebte Überschwänglichkeit hatte für ihn magische Kräfte.

Manchmal las er zur Abwechslung Bücher, die von diesem Lebensgefühl Zeugnis ablegten. So hatten Romane von Kindern des feiernden Überschwangs der Zeit seiner Jugend es ihm angetan und ihm einen Flashback beschert, der ihn in manche eigene Erfahrung zurückversetzte. Benjamin von Stuckrad-Barre, der von seinem »Panikherz« erzählte, und viele andere: Nichts war ihm zu abgedreht, alles beflügelte seine Fantasie. Die aberwitzigen Ideen beamten Elias in höhere Sphären. Die Grenzen von Raum und Zeit durch eine Reizüberflutung zu sprengen, davon ging er auch selbst immer wieder ab wie eine Rakete.

Laute Musik war heilig, durch sie vollzogen sich die Rituale, die zu seinem Leben passten, die ihn nicht von der Welt abgrenzten, wie viele meinten, sondern sie öffneten. Was war falsch daran, wenn man sich dem kreativen Lärm aussetzte? War Energie nicht etwas, das zum Leben dazugehörte, war sie nicht sogar lebensnotwendig? Der ultimative Kick bestand darin, irgendwann wirklich vergessen zu können, was einem so alles im Kopf herumschwirrte. Es war mehr als nur auf andere Gedanken zu kommen oder ein anderes Gefühl zu haben. Es war wirklich eine andere Bewusstseinsebene. Elias erschreckte sich immer ein bisschen über solche Worte. Denn nichts lag ihm ferner als esoterisches Geschwafel. Wie immer man es jedoch nennen mochte, bei diesen Festen wurden Träume für einen Moment Wirklichkeit. Das wäre zu schön gewesen, wenn nicht später die Stille so schwer auf ihnen gelastet hätte. Man konnte es vielleicht einen Kater nennen oder als böses Erwachen bezeichnen. Aber tat das dem Rausch des Klangs der vergangenen Nacht Abbruch? Elias hatte alles dafür übrig, mit der Flut der Beats davon zu schwimmen.

Sein Leben war nicht ungewöhnlich und nicht unglücklich. Er hatte eine gute Arbeit, konnte sich im Büro durchaus ausleben. Zu Hause im Homeoffice arbeitete er lieber nicht. Er brauchte Menschen und das geschäftige Treiben um sich herum, um sich konzentrieren zu können. Die Wochenendtrips waren die Säulen, auf denen er zur Ruhe kam und Kraft schöpfte für den Rest der Woche. Er war kein Einzelgänger, liebte die Gesellschaft. Doch er hatte andererseits ein starkes Bedürfnis, sich zurückzuziehen. Auch das konnte er bei Konzerten und Partys. Wenn der Beat einsetzte, wurde die Welt kleiner. Er zog sich in sich selbst zurück, und alle anderen um ihn herum taten das auch. Auf der Tanzfläche – allein mit anderen. Er hätte dort ewig weitertanzen können, wenn der Kater nicht irgendwann so groß geworden wäre, dass er ihn überforderte.

Dann fielen die Möglichkeiten, doch immer weiterzumachen, auf einmal weg. Die Pandemie, die im Frühjahr eingesetzt hatte, stellte ihn kalt. Es gab keine Feste mehr, kein Tanzen, keinen Beat. Was ihn zuvor überfordert hatte, fehlte ihm nun wie eine Droge. Mit einem Mal war die Stille unausweichlich und noch unerträglicher als zuvor. Er sehnte sich nach dem Lärm, der ihm im Feierrhythmus manchmal auf die Nerven gegangen war. Hatte er sich nicht kurz vorher nach Stille gesehnt? Er fühlte sich leer, und es gab durch den Lockdown und eine schier endlose Zeit von beschränkenden Maßnahmen keinen Handlungsspielraum mehr. Alles, was ihm blieb, war der Kopfhörer, doch der konnte nicht darüber hinwegtäuschen, dass ihm die innere Ruhe fehlte, um Beats aus der Konserve genießen oder sich der Geräuschlosigkeit hingeben zu können.

Das war mehr als nur eine kleine Lustlosigkeit. Es fehlte ihm an allem. Er hatte die Laune zum Feiern verloren. Es reizte ihn nicht mehr, sich zu verausgaben, sich gehen zu lassen und abzuheben mit der Musik. Er war allein, und es fühlte sich falsch an, wenn er sich zu Hause auf dem Sofa zurücklehnte. Nicht nur der Reiz des Kicks war mit einem Mal weg, sondern auch der Drive im normalen Leben. Elias war immer müde, er konnte sich kaum zur Arbeit aufraffen, denn auch die musste ja zu Hause erledigt werden. Das Homeoffice war zur Vorschrift geworden. Das Geschnatter um ihn herum hatte ihn in der letzten Zeit oft irritiert und gereizt. Jetzt war der Overkill, in den sein Lebensrhythmus ihn getrieben hatte, unausweichlich geworden.

Es war nicht nur Übermaß oder Mangel, das wäre leicht zu korrigieren gewesen, wenn die Pandemie einmal vorbei sein würde. Nein, das Gefühl brachte ihn förmlich um, es nahm ihm die Luft zum Atmen. Und so weitete sich die Feierkrise zu einer Lebenskrise aus. Nicht, dass ihm die Musik, die Bewegung und der Rausch als solche zuwider gewesen wären. Er sehnte sich nach den Glücksmomenten, den erhabenen Gefühlen. Aber er merkte, dass er den Bogen überspannt hatte. Elias wusste nicht mehr, wer er war, und er war nicht mehr bei sich. Stille konnte er immer noch nicht ertragen. Die erschöpften und zugleich panischen Momente häuften sich. Es machte ihn verrückt, sich weder ablenken noch der Leere hingeben zu können.

Irgendwann beschloss er, das Stillsein zu lernen. Das war nicht nur aus der Not geboren, weil es eben momentan keine Feste gab. Es war eher ein grundsätzlicher Wille zur Kehrtwende. Anstelle der Höhenflüge der Ekstase suchte er nun die Tiefe der Meditation. Er war nicht der Einzige, dem es so ging. Auch andere Freunde aus der Partyszene übten sich in diversen Meditationstechniken. Sie tauschten sich aus: »Welchen Onlinekurs hast du gerade gemacht, was hat er dir gebracht? Bist du der Erleuchtung näher gekommen?« Elias war davon überzeugt, dass es so etwas wie Erleuchtung gab, jene Bewusstseinserweiterung, die er für kurze Momente im Rausch der Feste hatte erleben dürfen. Er meditierte täglich mindestens eine Stunde. Im Lauf der Zeit gelang es ihm, die Stille für diesen begrenzten Zeitraum zu ertragen, sogar zu genießen. Er konnte bei sich selbst sein, ohne andere um sich herum zu haben. Doch die erhoffte Erleuchtung wollte sich einfach nicht einstellen. Wenn er ehrlich war, wusste er selbst noch nicht einmal genau, was er darunter verstand.

Es würde nicht reichen, eine Stunde am Tag für die Stille zu reservieren. Auch wenn er sie immer besser ertrug, würde sie doch irgendwie leer bleiben, und das erfüllte ihn nicht. Er musste sie leben, wenn er dem Leben wieder gewachsen sein wollte. Wer einmal mit dem Feuer der totalen Überreizung gespielt hatte, konnte sich nicht mehr mit Mittelmaß zufriedengeben, auch nicht, was die Stille betraf. Wer einmal die Erleuchtung erahnt hatte, konnte nicht mehr so tun, als sei es ihm genug, mit dem Leben klarzukommen. Er war ein Mensch der Extreme geworden, und nur vom einen Extrem ins andere verlief der Weg, der ihn retten konnte. Das erfüllte ihn mit einem euphorischen Gefühl. Er machte sich begeistert auf die Suche nach einem Stilletempel, der die Partytempel ersetzen und sogar übertreffen konnte.

Wie durch ein Wunder entdeckte er den Mönch in sich selbst. Und das war ganz wesentlich der Begegnung mit einem echten Mönch, einem Klosterbewohner, zuzuschreiben, der im langen Gewand umherlief und Elias irgendwie faszinierte. Er traf ihn bei einem Gesprächstag über Meditation in einem der vermeintlichen Stilletempel im New-Age-Stil. Solche Tage fanden zuweilen trotz Pandemie wieder statt, mit gebührendem Abstand, versteht sich. Was machte ein professioneller Meditierer wie dieser Mönch bei so einem Spiri-Happening? Sollte er nicht in seinem Kloster bleiben, da hatte er doch Stille genug? Sie kamen ins Gespräch und redeten lange miteinander. Es stellte sich heraus, dass der Mönch regelmäßig die Welt betrat, um Austausch zu finden und der Enge seines Klosters für einen Moment zu entgehen. Elias fragte sich, ob es ihm wohl genauso ging, wie er es von den Vormittagen in seiner Wohnung kannte, an denen ihm die Decke auf den Kopf fiel.

Brauchte er Abwechslung, weil er die Stille auch nicht ertragen konnte? Der Mönch entgegnete, dass viele sein Kloster besuchten, weil sie den Lärm nicht mehr aushielten. Doch was brachte es schon, ein paar Tage zur Ruhe zu kommen, wenn alles danach doch wieder so war wie vorher? Vor sich selbst davonlaufen konnten die Stille-Touristen auch in seiner Abtei. Der Trubel der Stadt war danach noch genauso laut wie zuvor. Elias fragte den Mönch, was es ihm denn dann bringe, für einen Tag etwas mehr Trubel um sich herum zu haben. Das Kloster war danach doch ebenfalls noch genauso still wie zuvor. Vielleicht waren das auch einfach nur Vorurteile, dass sowohl weltflüchtige Klostergäste als auch klosterflüchtige Mönche nur vor sich selbst davonlaufen.

Beides wurde der Wirklichkeit, in der sie lebten, nicht gerecht. Die Welt war nicht einfach nur ein Rummelplatz, der in Covid-Zeiten kurz geschlossen war, und das Kloster nicht einfach nur ein Grab. Nur wenn man sich verrannte, wurde die Welt zur Kirmes. Nur wenn man sich einigelte, wurde das Kloster zum Friedhof. Erzwungene Stille ist genauso tödlich wie krampfhafter Lärm, dachte Elias. Er wusste, dass es um nichts anderes als innere Ruhe ging – und die hatte nur indirekt etwas mit äußerer Ruhe zu tun. Der Mönch scheute sich auch nicht zuzugeben, dass es immer dann schlecht um sein inneres Gleichgewicht bestellt war, wenn er der stillen Umgebung seines Klosters entfliehen musste. Jetzt, in Tagen der Einsamkeit, war sogar ein Meditationstag beinahe ein gewagtes Ventil, und sie machten dankbar Gebrauch davon, indem sie sich unterhielten.

Wie man eine innere Ruhe erreichen konnte, wurde aber keinem der beiden klar. Zu groß waren bei beiden die Enttäuschungen. Genau das hatte sie zur Meditation gebracht. Sie suchten nach einer Art von Erleuchtung, die in ihrem gewohnten Leben fehlte, die sie aber nirgends fanden. Elias erzählte von seinen göttlichen Momenten beim Tanzen. Der Mönch berichtete von jenen Momenten, die es in seiner Klosterkirche gab, wenn es ganz still war. Manchmal geschah etwas mit einem und man konnte es kaum benennen. War das göttlich? Waren es bloß die kurzen Momente, die einem blieben, wenn man in Stille oder Lärm zu ertrinken drohte? Nein, der Mönch strahlte für Elias eine dauerhafte Lebenshaltung aus, so zerbrechlich sie auch war. Er war genauso gefährdet wie er selbst, aber er hatte eine Perspektive, die weiter reichte, nicht nur bis zum nächsten Kick, sondern in den Himmel. Ja, dieser Mann scheute sich nicht, solche Worte in den Mund zu nehmen.

Sie trafen sich gelegentlich virtuell im Netz. Es wäre doch nett, in Kontakt zu bleiben, hatten sie gesagt. Elias hatte sich nicht viel davon versprochen. Er sah sich zwar durchaus als spirituell veranlagten Menschen, der Erfahrungen höherer Sphären zu schätzen wusste, doch mit Religion konnte er wenig anfangen. Er war auch nicht wirklich dagegen, doch das meiste, was er bis jetzt davon gehört hatte, war ihm zu unspektakulär und langweilte ihn zu Tode. Dennoch überraschte ihn manches, was beim Onlinechat mit dem Mönch so zur Sprache kam. Es war ihm nicht bewusst gewesen, dass er einen biblischen Namen hatte, der vom Propheten Elija stammte. Ohne viel darüber nachzudenken, las er die Geschichte dieses Gottesmannes aus dem Alten Testament. Wer hätte gedacht, dass er sich jemals in einer so alten Erzählung wiederfinden würde? Es war vor allem das Gespräch, das der Mönch und er über die mysteriöse, tausende Jahre alte Gestalt führten, das ihn anrührte.

Der Prophet Elija geriet vor ungefähr zweitausend Jahren im alten Israel in eine ausweglose Situation. Man trachtete ihm nach dem Leben. Er war müde und leer von seinen Mühen, nicht mehr er selbst, so las Elias: »Er selbst ging eine Tagesreise weit in die Wüste hinein. Dort setzte er sich unter einen Ginsterstrauch und wartete auf den Tod.« Weder der Mönch noch Elias hatten den Mut und die Geradlinigkeit dieses Propheten, der den Mächtigen im Land die Leviten gelesen hatte, doch das Gefühl, dass man ihnen nach dem Leben trachtete, kannten sie insgeheim beide: Nicht, dass jemand sie von außen bedroht hätte, aber ihre innere Unruhe brachte sie beinahe um. Sie waren wie Elija zum Sterben müde. Der Mönch sagte, er suche nach einer Gottesbegegnung. Elias wusste nicht recht, was er damit meinte. Beim Propheten sah das so aus: »Dann legte er sich unter den Ginsterstrauch und schlief ein. Doch ein Engel rührte ihn an und sprach: Steh auf und iss!« (1 Könige 19,4–5). Das war der Aufruf, sich nicht mit dem Tod abzufinden. Der Mönch würde zumindest das in seiner Regelmäßigkeit besser verinnerlicht haben als er selbst, dachte Elias.

Doch auch der Mönch wusste nicht, wie ein Engel aussah. War er in den langen Stunden unendlicher Stille zu finden? Oder in den kurzen Lichtblicken, die es gegeben hatte? Eines hatten beide durch die Geschichte des Propheten erkannt: Der göttliche Moment war nie das, was man erwartete. Auch Elija hatte wohl etwas ganz anderes erwartet: »Da zog der Herr vorüber: Ein starker, heftiger Sturm, der die Berge zerriss und die Felsen zerbrach, ging dem Herrn voraus. Doch der Herr war nicht im Sturm. Nach dem Sturm kam ein Erdbeben. Doch der Herr war nicht im Erdbeben. Nach dem Beben kam ein Feuer. Doch der Herr war nicht im Feuer.« Die spektakulären Sinneseindrücke erinnerten Elias irgendwie mehr an Partys als an monastische Nachtwachen. Doch auch in der äußerlichen Stille konnte man innerlich Sturm, Beben und Feuer vorbeiziehen sehen und hören. Dem Mönch war all das nicht fremd. »Meine stillen Stunden sind die lautesten«, hatte er gesagt. An manchem unruhigen Morgen und in einsamen Nächten im Lockdown hatte Elias das auch erlebt.

Was war es dann, worauf sie hofften? Die Erleuchtung, die Elias in seiner Meditation anstrebte, sollte doch eine Art Flash sein. Sehnte sich der Mönch nicht nach einem ähnlichen Erlebnis? Der Prophet war dem, was sich dann tatsächlich als Erleuchtung erwies, nicht wirklich gewachsen:»Nach dem Feuer kam ein sanftes, leises Säuseln. Als Elija es hörte, hüllte er sein Gesicht in den Mantel, trat hinaus und stellte sich an den Eingang der Höhle« (1 Könige 19,11–13). Das klang allzu durchschaubar, meinte Elias:»Erst vom Lärm die Nase voll haben und dann in der Stille Gott finden, wer auch immer das dann sein mag.« Doch war das wirklich, was in der Erzählung passierte? Der Sturm, das Beben und das Feuer waren weder irreal noch wurde etwas darüber gesagt, ob sie gut oder schlecht waren.»Wohl eher gut«, sagte der Mönch,»denn sonst würde man ein laues Lüftchen kaum wahrnehmen.«

Im Unscheinbaren wurde auf einmal wahrnehmbar, was nicht mit den Augen zu sehen und nicht in Worte zu fassen war. Darum bedeckte der Prophet Elija sein Gesicht. Er war durch Sturm, Beben und Feuer hindurchgegangen und hatte alles wahrgenommen. Jetzt war es an der Zeit, einfach geschehen zu lassen, was weder dem eigenen Bedürfnis nach Erleuchtung noch der eigenen Angst vor Langeweile entsprach. Die mühsame Suche und das Spektakel gingen der Erkenntnis voraus. Wenn man sich jedoch an ihnen festbiss, ging die Erkenntnis an einem vorüber. Wenn man sie loslassen konnte, passierte das Unerwartete, und man konnte sich befreien: aufstehen wie der Prophet Elija. Wer sich verkroch, hatte den Moment eigentlich schon verpasst. Doch es tat gut zu lesen, dass auch Elija, als er sich verkrochen hatte, letztlich von der göttlichen Kraft angezogen und aus seiner Krise gerettet wurde.

Elias erzählte dem Mönch, dass er nun verstanden hatte, eigentlich immer im Vorläufigen steckengeblieben zu sein, und geglaubt hatte, dort erfahren zu können, worum es im Leben und sogar darüber hinaus ging – bei seinen Partys und auch in der Meditation, die er immer noch wie ein Besessener betrieb. »Auch ich habe mich in meiner Höhle festgebissen. Haben wir nicht beide immer genau zu wissen gemeint, dass Ablenkung uns helfen kann?«, antwortete der Mönch. Und beiden war klar geworden, dass innere Ruhe weder in Dezibel noch im Bewegungsradius abzumessen war, sondern nur im Loslassen von allem, was zuvor die eigene Wahrnehmung bestimmt und eingeschränkt hatte. Ob man nun im Kloster wohnte oder sich in der Partyszene bewegte – das Risiko, sich müde unter einen Ginsterstrauch zurückziehen, wo einem die Decke auf den Kopf fiel, war immer da. War das der Grund, warum der Lockdown, der unfreiwillige Rückzug, so schwer auf vielen lastete?

»Aber warum bleibst du dann Mönch?«, hatte Elias gefragt. Er hatte jedoch gleich bemerkt, dass diese Frage eigentlich ihn selbst betraf. »Was sollte ich sonst tun?«, hatte der Mönch geantwortet. »Solltest du nicht auch einer werden?« Elias verstand genau, was der Mönch damit meinte. Sein Verlangen nach intensiver Erfahrung, sein Rückzug auf die Tanzflächen, sein gutes Gefühl bei der Arbeit, wenn alles um ihn herum in Bewegung war, all dem lag dieselbe Bewegung zugrunde, die auch der Mönch vollzog, wenn er in seinem Kloster nach Gott suchte, sich in die Stille zurückzog und sich wohlfühlte, wenn sich vordergründig wenig tat. »Vielleicht bin ich schon dabei«, hatte er dem Mönch erwidert. »Die Pandemie hat mich mitten in der Geräuschkrise wachgerüttelt.«

»Dann komm mich doch mal besuchen«, lautete die Antwort.
»Vielleicht solltest du dann mal mitkommen zu einer Par-
tynacht, wenn Corona vorbei ist«, entgegnete Elias halb im
Scherz. Beides wäre möglich gewesen, doch keins von beidem
geschah. Elias hörte nie wieder etwas von dem Mönch und er
meldete sich auch nicht bei ihm. Ins Kloster zu gehen, war für
ihn keine Lösung. Sein Kloster waren seine Freunde, seine Arbeit und sein Verlangen nach Erleuchtung. Alles würde sich
nach der Pandemie wieder öffnen. Wer weiß, wie lange das Säuseln noch auf sich warten ließ? Und ob es dem Mönch jetzt wohl
auch leichter war im Leben? Elias wusste es nicht.

Gedanken zur inneren Ruhe

Wer innere Ruhe anstrebt, der muss zunächst einen Weg finden, es mit sich selbst auszuhalten. Das kann eine schier unlösbare Aufgabe sein, wenn man es gewöhnt ist, immer und überall
selbst bestimmen zu können, ob es laut oder leise, belebt oder
ruhig ist. Es scheint so, als würde man im Kloster zur Ruhe
kommen und in der Popkultur ständig auf Touren sein. Doch es
geht in erster Linie darum, den Weg ins eigene Innere zu gehen,
und darauf hat unsere akustische Umgebung einen wichtigen
Einfluss. Wer sich ganz in die Stille hineinbegibt, kann irgendwann eine völlig überraschende Erfahrung machen, und wer
sich durch Lautstärke hindurch zurückziehen kann, kommt mit
einem Mal zur Ruhe. Die innere Haltung kann sich verändern,
wenn man bewusst mit äußerer Stille umgeht.

Aus der Gehirnforschung wissen wir, dass eine stetige, sich wie-
derholende Geräuschkulisse einen Effekt auf unsere Erfahrung
hat. Das bezieht sich zunächst auf den Rhythmus. Wenn wir

langfristig einem stakkatoartigen Rhythmus ausgesetzt sind *(arrousal)*, kann das mit einem Mal zu einem Zustand der Stille, einer Art Trance führen *(quiescent breakthrough)*. Umgekehrt kann ein permanenter langsamer Rhythmus *(quiescent)* auf einmal einen Zustand der Erregung bewirken *(arrousal breakthrough)*, eine Art Ekstase.

Beide Durchbrucherlebnisse können, so zeigen die Forschungen, mit mystischen Erfahrungen einhergehen. Damit ist gemeint, dass das eigene Bewusstsein erweitert wird. Gleiches gilt für die Lautstärke: Stetige laute Impulse können zu einem Durchbruch der Stille führen, permanente Stille kann eine innerliche Geräuschkulisse heraufbeschwören. Menschen bringen diese Durchbrüche mit einer übersinnlichen Dimension, mit Gott in Verbindung. In dem Sinn ist die Erfahrung von Elias in unserer Geschichte nicht verwunderlich, und auch die Erfahrung, von der der Mönch berichtet, stimmt mit den wissenschaftlichen Erkenntnissen überein. In beiden Fällen zeigt sich jedoch, dass das reine Klangerlebnis noch keine dauerhaft sinnstiftende Wirkung hat. Es führt letztlich kein Weg daran vorbei, auch die äußere Stille aushalten zu können, nur dann kann dauerhafte innere Ruhe wachsen und sind ekstatische Erfahrungen sinnstiftend. Die Erfahrungen während des Lockdowns haben vielen das schmerzlich vor Augen geführt.

Sowohl Elias als auch der Mönch kommen zu dem Schluss, dass es nicht in erster Linie um einmalige Erfahrungen geht, sondern um die Ruhe, die sich mit ihnen einstellt. Empfänglichkeit ist ihr eigentliches Ziel. Beide erleben, dass diese Empfänglichkeit irgendwann enden kann, gerade wenn man in seinen Gewohnheiten gestört wird wie während der Pandemie. Wenn aber das eigene Bewusstsein nicht mehr sinnstiftend wirkt, weil man entweder zu laut oder zu leise lebt, können bedrohliche

Zustände entstehen. Es wäre darum falsch, sich an Lautstärke oder Stille festzuklammern. Beides sind Mittel, die zu einer inneren Ruhe beitragen können, einem Frieden, der einen Rahmen für die besonderen Erfahrungen bietet, die sowohl Elias als auch der Mönch durchaus haben.

Mit der Stille zu leben, ist eine genauso große Herausforderung wie ein Leben im Trubel. Wenn man das monastische Ideal der inneren Ruhe ernst nehmen will, muss man einen Weg finden, wie eine wirkliche Ausgewogenheit zwischen äußerem und innerem Geräuschpegel unerwartete, außergewöhnliche Erfahrungen möglich machen kann. Es geht darum, Raum im eigenen Inneren zu schaffen, sodass man nicht verpasst, wenn die Grenzen der alltäglichen Wahrnehmung überschritten werden. Das geht dauerhaft nur in einem Rahmen, der zur eigenen Lebensform passt. Krampfhafte Eintönigkeit kann dabei ebenso hinderlich sein wie erzwungene Abwechslung. Denn die Suche nach beidem ist immer ein Symptom für Unausgewogenheit. Die Stille aushalten zu können und zugleich offen für Impulse zu sein, ist der Weg zur inneren Ruhe, den sowohl Elias als auch der Mönch in unserer Geschichte versuchen zu gehen.

Wie gehe ich mit Geräuschen in meinem Leben um? Was verschafft mir Raum, um wahrzunehmen, womit ich nicht rechnen kann? Kann ich Stille ertragen? Bereichert mich die Erfahrung von Klang? Was gibt mir nachhaltige Ruhe? Wenn wir uns diese Fragen stellen und dabei nicht nur in einen exotischen Raum entfliehen, der nicht zu unserem Leben passt, wie zum Beispiel ein Kloster oder ein Festival, kann die Deutung aus der spirituellen Tradition des Mönchtums hilfreich sein. Denn in der inneren Ruhe begegnet uns Gott. Nur wenn wir diese Begegnung zulassen, können wir uns der Überreizung oder der Langeweile entziehen. Elias erkennt dies anhand der biblischen Erzählung von Elija, der erst wieder aufstehen kann, als er merkt, dass Gott durch die Geräusche hindurch die Stille seiner Verzweiflung durchbricht. Erst da findet er wieder zu sich selbst und kann seiner Identität als Prophet mit einer großen Verantwortung gerecht werden.

Die Herausforderung, die dies in unserer Zeit bedeutet, ist größer als noch vor einigen Jahrzehnten, denn Reize können heute auf Knopfdruck eingeschaltet werden. Wir sollten dabei nicht vergessen, dass unser Lebensrhythmus von der Geräuschkulisse, die uns umgibt, mitbestimmt wird. Wenn die ständige Verfügbarkeit der Reizüberflutung dann auf einmal zum Erliegen kommt wie in der Pandemie, merken wir erst, wie groß unsere Abhängigkeit ist. Erst wenn wir bewusst mit Geräuschen umgehen, die die Stille nicht ersticken, und in ein Gleichgewicht kommen, hören wir auch das leise Säuseln. Äußerer Lärm und innere Unruhe können beide den Weg Gottes, den der Prophet so sehnlich erwartet, verstellen. Ihn zu finden, *kann* bedeuten, dass wir in einer persönlich schwierigen Zeit die äußere Stille aufsuchen müssen. Es *kann* auch bedeuten, dass wir die äußere Stille nun gerade durch Impulse durchbrechen müssen, die uns öffnen und innerlich ruhig machen. Beides bedeutet einen Umgang mit Geräuschen, der uns bewusst dazu zwingt, unsere Gewohnheiten loszulassen. Die Ruhe findet sich nämlich oft jenseits der Klänge, die wir gewohnt sind oder nach denen wir spontan lechzen.

Was Elias als »Kater« erfährt, zeigt, dass der Sprung zwischen den Impulsen, die er sucht, und der tödlichen Stille, in die er am nächsten Tag fällt, zu groß ist. Dass dem Mönch die Decke auf den Kopf fällt, weist auf dieselbe innere Unausgeglichenheit. Es braucht also eine Balance innerhalb des Geräuschhaushalts in unserem Leben. Nur dann ist ein Klosterbesuch mehr als kurzfristige Symptomlinderung einer Überreizung. Nur dann ist ein Konzertbesuch mehr als eine oberflächliche Ablenkung. Bewusster Umgang mit Geräuschen setzt einen langfristigen Prozess voraus, innere Ruhe finden zu wollen. Innere Ruhe macht offen, und darin liegt der Raum für das leise Säuseln, das uns tatsächlich zu Gott führt. Nur das lässt den Mönch in uns wirklich aufhorchen.

Liebe:
Von der Leidenschaft

Wenn wir wirklich Feuer und Flamme sind, dann fügt das unserem Leben eine Dimension hinzu. Leidenschaft gehört zum Leben, sie ist der Motor für die unendlich vielen Formen der Liebe, die unser Leben lebenswert machen. Häufig wird diese Leidenschaft jedoch auf eine einzelne Dimension reduziert, als ob man nur dann für etwas brennen könnte, wenn es der eigenen Vorstellung, was leidenschaftliche Liebe ist und was nicht, entspricht. Das wird jedoch der eigentlichen Passion, die Menschen für alles, wonach sie sich sehnen, empfinden, nicht gerecht. Nicht nur dass man dadurch viele Formen der Liebe ausschließt, die vielleicht nicht ins Bild einer Beziehung passen, man denke beispielsweise an tiefe Freundschaften; auch die Tatsache, dass es in »klassischen« Beziehungen längst nicht immer möglich ist, all seinen Bedürfnissen zu folgen, wird damit vernachlässigt. Liebe ist so vielfältig wie die Menschen selbst, und jede Form kennt ihre Krisen und Herausforderungen, die es manchmal schwer machen, das Feuer am Brennen zu halten.

Das geistliche Ideal, sich nicht von seinen Leidenschaften abhängig zu machen, hat mit den vielen Risiken zu tun, die menschliche Liebe in all ihren Formen birgt. Dass man im Klosterleben eine gewisse Distanz zum anderen hält, scheint das Risiko zu minimieren, sich entweder zu fixieren oder den anderen irgendwann nicht mehr ertragen zu können. Besser scheint es da, eine Nächstenliebe zu leben, die allen Menschen gilt, nicht einigen wenigen. Auch geht es darum, seine Leidenschaft auf Gott zu richten und eben nicht auf bestimmte andere. Dass auch diese Sicht einseitig sein kann, merkt man spätestens dann, wenn das Klosterleben kalt, unbarmherzig und einsam wird. Das ist nicht im Sinne der Benediktsregel. Der Mönchsvater bittet seine Brüder, dass sie ihre Leidenschaft für das Klosterleben »mit glühender Liebe *(ferventissimo amore)* in die Tat umsetzen« (RB 72,3). Diese »glühende Liebe« hat im Kloster vor allem mit gegenseitigem Respekt zu tun. Sich allen Menschen und Gott respektvoll zu öffnen, schließt Leidenschaft keineswegs aus. Sollte darin ein Schlüssel liegen, wie man Leidenschaft in allen Lebensformen mit anderen teilen kann? Bedeutet unsere Begeisterung für die anderen in unserer Umgebung auch, sich allen Menschen gegenüber verantwortlich und Gott gegenüber empfänglich zu verhalten?

Wer der glühenden Liebe aus dem Weg geht, lebt sicher nicht im Sinn des Ideals, wie es der Nächsten- und Gottesliebe entspricht. Wer jedoch anderen im Dienst seiner Leidenschaften zu nahe tritt, entspricht ihm ebenso wenig. Die Leidenschaft so zu kanalisieren, dass sie dem Menschen dient, macht offen für Gott, den ultimativen Horizont jeder menschlichen Liebe. Nur wenn man ein Gleichgewicht zwischen Nähe und Distanz herstellt, kann man Beziehungen leben, ob das nun im Kloster, in der Ehe, einer anderen Beziehung oder einer Freundschaft geschieht. Wahre Liebe findet man nur, wenn man sich traut, Menschen in seiner Nähe mit Haut und Haaren zuzulassen, und sie zugleich in ihrer Eigenheit belässt, auch wenn sie sich einem dadurch immer wieder entziehen. Dass Leidenschaften dann unerfüllt bleiben, kann ein ständiger Ansporn sein, nach der

Liebe zu suchen, die immer größer ist als jede konkrete Form menschlicher Gemeinschaft. Diese Suche treibt Schwester Maria in der folgenden Geschichte an, die sich im Kloster durch manche Krise hindurch nach der wahren Liebe sehnt.

Schwester Maria

Schwester Maria fürchtete sich vor Einsamkeit. Im Kloster war es kalt, und das nicht nur im Winter. Jede lebte hier für sich allein, Leidenschaft gab es kaum, nicht für andere Menschen und nicht einmal für das Klosterleben. Vielleicht gab es sie ja doch, aber man merkte nichts davon. Gefühle zeigen? Fehlanzeige. Warum war hier alles so »glatt«, fragte sich Schwester Maria. »Wenn wir allzu emotional würden, könnte das unser Gemeinschaftsleben gefährden«, so hatte sie schon oft von älteren Mitschwestern gehört. Aber auch einige der Jüngeren, die sich jetzt im Noviziat befanden, konnte sie gefühlsmäßig nur schwer oder gar nicht einschätzen. Sie mussten doch lichterloh brennen, wenn sie in das Abenteuer des Klosterlebens eintauchten! Waren nicht Liebe und Leidenschaft hier genauso nötig wie in einer Beziehung? Vielleicht brannten die Schwestern innerlich, vielleicht litten sie so wie Maria. Doch sie teilten es nicht mit ihr und auch nicht miteinander. Man konnte zuweilen gar von Desinteresse reden, was die Leidenschaften der anderen anging.

Es wurde zum Beispiel nur wenig Anteil daran genommen, dass eine der Schwestern voller Leidenschaft den Klostergarten gestaltete. Sie war kreativ und von Liebe zu den Pflanzen erfüllt. »Das macht sie gut, das ist ihre Sache«, sagte eine Mitschwester – und das war's dann. Es gab auch noch einige Schwestern, die Gedichte oder Bücher schrieben. Es war ihre Passion, ihre

Gefühle dem Papier anzuvertrauen, und viele andere Leute berührte das, was sie schrieben, sonst hätten sich die Bücher wohl nicht verkauft. Keine andere im Kloster hatte je ein Wort darüber verloren: »Wir lesen uns nicht gegenseitig«, war ihr erklärt worden. Warum eigentlich nicht? Was war falsch daran? Schwester Maria hatte den Eindruck, dass für wirkliche Liebe in der Gemeinschaft, in der sie lebte, kein Platz war. Liebe bedeutete hier wohl eher, sich in Ruhe zu lassen und jede emotionale Begegnung und damit auch Konfrontation zu vermeiden. Ja, im Kloster war es kalt – und hart. So hatte es ein Pater, dem sie vor ihrem Eintritt begegnet war, zu ihr gesagt: »Denk daran, das Klosterleben kann beinhart sein.«

Sie war für ein Leben in den »normalen« Bahnen der Liebe nicht geboren, das hatte sie schon früh gewusst. Nicht, dass es keine Liebe in ihrem Leben gegeben hatte. Sie hatte sich verliebt, und sie wusste auch, was Treue in längeren Beziehungen bedeutete. Doch dabei hatte es sich schlicht nicht ergeben, eine Partnerschaft einzugehen, wie es die ganze Welt von ihr zu erwarten schien. Insgeheim hatte sie das auch von sich selbst erwartet. Doch es war gut, dass es anders gekommen war. Sie glaubte nämlich an die Freiheit der Liebe, die sich auf unzählige Arten, dadurch aber nicht weniger intensiv und leidenschaftlich gestalten ließ. Sie hatte immer intensive Freundschaften gepflegt und nie verstanden, warum das etwas anderes als Liebe sein sollte. Natürlich, es gab Dinge, die in Beziehungen dazugehörten, in Freundschaften nicht, und umgekehrt. Doch nichts hinderte sie daran, ihre eigene emotionale Erfüllung zu suchen. Sie fand Weggefährten, doch früher oder später stellte sich heraus, dass diese einen verlässlichen Rahmen suchten, eine Stabilität, die Maria vielleicht herbeisehnte, aber nicht hatte finden können.

Die Angst vor der Einsamkeit kam immer wieder zurück. War sie der einzige Mensch auf der Welt, der sich nach Liebe sehnte, sie aber auf seine eigene Art und Weise leben wollte? Die Angst wich dann der Verzweiflung. Sie war allein gewesen, und genau das hatte sie nie gewollt. Liebe war doch etwas Lebendiges! Wer wirklich nach der Liebe suchte, der musste alle vorgefertigten Muster loslassen und offen dafür sein, was das Leben für ihn bereithielt. Die Verzweiflung hatte irgendwann Raum für ihren spirituellen Idealismus geboten. Liebe war etwas Heiliges. Sie war immer unausweichlich und unangreifbar. Liebe war etwas Göttliches. Nur wenn man Gott im anderen Menschen sehen konnte, war es möglich, wirklich Liebe zu leben, egal, wer der oder die andere war. Schwester Maria hatte sich eingeengt gefühlt, wenn die Liebe zu anderen nicht wirklich über allem stand. Sie beobachtete, wie der Alltagstrott irgendwann das Feuer in noch so guten Beziehungen erlöschen ließ. Dann hatten Menschen nicht mehr das Beste miteinander vor, und das war Sünde, fand Maria.

Doch was dann? Sie war in einem christlichen Elternhaus aufgewachsen und gerade die biblischen Geschichten, die in den Vordergrund stellten, dass man bedingungslos alles miteinander teilt, hatten für sie immer recht weltfremd geklungen. War das christliche Nächstenliebe? Ihr war insbesondere das Ideal im Gedächtnis geblieben, nach dem die ersten Christen gelebt hatten: »Die Menge derer, die gläubig geworden waren, war ein Herz und eine Seele. Keiner nannte etwas von dem, was er hatte, sein Eigentum, sondern sie hatten alles gemeinsam« (Apostelgeschichte 4,32). Waren Menschen dazu in der Lage? Und wo blieb die Individualität? In einer Predigt hatte sie dann irgendwann gehört, dass ein gewisser Tertullian, ein früher christlicher Schriftsteller, es so wiedergegeben hatte: »Seht, wie sie einander lieben.« Ein Herz und eine Seele war man doch nicht immer mit allen? Und Liebe war doch auch etwas, das man mit Menschen teilte, die einem am Herzen lagen, nicht mit jedermann? Wenn sie ehrlich war, verlangte es sie auch gar nicht danach, jeden zu lieben und von jedem geliebt zu werden. Denn die Begeisterung und Leidenschaft, die einen Menschen mit einem anderen verbinden konnte, der unumgänglich in sein Leben trat, erschien ihr als Motor des Lebens.

Nach mancher Enttäuschung sehnte sie sich nach einem Rahmen, in dem man diese Passion leben konnte, ohne der Willkür und der Grausamkeit widriger Umstände und Stimmungsschwankungen ausgesetzt zu sein. Vielleicht musste sie ihre Leidenschaft dafür loslassen. Sie musste sich mit einer allgemeinen, anderen Art von Liebe zufriedengeben, die vielleicht weniger aufregend, aber viel universaler war. Musste sie zufrieden sein mit dem, was sie hatte? Musste sie sich mit ihrer Lebensweise arrangieren und versuchen, sich darin so gut wie möglich mit anderen zu vernetzen? Nein, das konnte nicht ihr Ziel sein! Sie wollte keine Kompromisse eingehen, was die Liebe anging. Sie würde aufs Ganze gehen. Nur wie? Genau in dieser Phase war das Kloster in ihrem Leben ein Thema geworden. Sie hatte irgendwann das Bedürfnis gespürt, sich mehr mit ihrem religiösen Hintergrund zu beschäftigen. Eine normale Pfarrkirche sprach sie weniger an, dort würde sie vor allem Menschen treffen, die genauso lebten wie sie selbst oder wie alle, deren Leben sie nicht teilen konnte. Sie suchte aber nach jenen, die tatsächlich losgelassen hatten, was ihr selbst zur Bürde wurde – jene, die anders lebten und liebten.

Sie hatte sich in dem Kloster, das sie im Internet gefunden hatte, schon bei den ersten Besuchen gut mit allen Mitgliedern des Konvents verstanden. Natürlich hatte sie sich immer mal wieder gefragt, ob es hier denn tatsächlich keine Konflikte gab, keine persönlichen Vorlieben, keine Eifersüchteleien oder Irritationen. Schon bald merkte sie, dass durchaus nicht alles Gold war, was glänzte. Aber sie war sich sicher: Das alles war gut zu ertragen, wenn man sich von der Begeisterung treiben ließ, die das höchste Liebesideal bedeutete, das man sich vorstellen konnte: die Liebe Christi. Das klang fromm, aber irgendwie auch schön. Was sollte das sein? Wer war Christus, dass man ihn liebhaben konnte?

Zur gleichen Zeit entdeckte sie die Figur der Maria Magdalena im neuen Testament. Sie faszinierte sie. Das war eine höchst emotionale Frau, so viel war klar. Die einen hatten sie als Hure abgestempelt, die anderen buchstäblich zur Geliebten Jesu hochstilisiert. Für Schwester Maria war das alles kein Widerspruch, denn das Wichtigste war, dass die junge Frau aus Magdala in all ihrer überschwänglichen Liebe eine Einheit mit Jesus gebildet hatte. Diese Liebe hatte sie vor großer Gefahr bewahrt. Sie war die erste Zeugin der Auferstehung gewesen, weil sie krank vor Liebe und Kummer zum Grab gegangen war und dort die größte Gnade erfuhr: »Als Jesus am frühen Morgen des ersten Wochentages auferstanden war, erschien er zuerst Maria aus Magdala, aus der er sieben Dämonen ausgetrieben hatte« (Markus 16,9). Alles Schlechte war durch die Liebe besiegt worden, und das konnte, davon war Schwester Maria überzeugt, jeden Tag, auch heute, geschehen. Sie wusste, dass ihr Klostername Maria sein musste.

Die Liebe hatte ihre Namenspatronin ihr Leben lang begleitet, auch wenn sie es als Frau mit einer gewissen Vergangenheit in der Gesellschaft Jesu und seiner Jünger sicher nicht immer leicht gehabt hatte. Schwester Maria las viel über Maria Magdalena. Legenden, Fantasien und Hirngespinste. Bei all dem faszinierte sie am meisten, dass die biblische Maria Liebe und

Leidenschaft niemals aufgegeben hatte. Der berühmte Roman *Mirjam* von Luise Rinser ließ Maria zur Zeugin der Liebe werden. Auch Jesus hatte Nähe und Zuwendung gebraucht, gerade in den schweren Momenten, wie Schwester Maria in diesem Buch las: »Er sagte zu mir: ›Mirjam, stärke mich, auch am morgigen Tag. Ich werde dich stärken in den Tagen danach.‹ Er zog mich an sich, und zum ersten, einzigen, letzten Mal legte er seine Lippen auf die meinen. Mehr ein Einhauchen seines Atems als ein Kuss. Dann schob er mich sanft von sich: ›Und nun stärke die anderen in ihrer Schwäche. Sie bedürfen des Hirtenhundes, der die Herde zusammenhält. Ich zähle auf dich Mirjam!‹ ›Rabbi, lass mich dir folgen!‹ ›Wohin ich gehe, kannst du mir noch nicht folgen.‹ Er hatte mich verstanden, und ich verstand ihn.« Das wollte Schwester Maria tun. Sie wollte durch die Nähe zu jenem Menschen, der ihr so nah war, eine Stütze für alle werden.

Für Maria Magdalena war das wohl tatsächlich Wirklichkeit geworden. In einer alten Schrift, einem koptischen Papyrus aus dem zweiten Jahrhundert, war das *Evangelium der Maria* gefunden worden. Schwester Maria las darin mit großer Erregung. Auch in den tiefsten Krisen trug die Liebe, die Maria mit Jesus erleben durfte, die ganz Gemeinschaft. Sie wurde zur Quelle der Kraft und der Hoffnung. Sie konnte die Liebe, die sie tatsächlich erlebt hatte, weitergeben, mit allem, was dazugehörte: »Da stand Maria auf, umarmte sie alle und sagte zu den Jüngern: ›Weint nicht und seid nicht betrübt und lasst keinen Zweifel in eurem Herzen zu! Denn seine Gnade wird in Fülle mit euch sein, und sie wird euch beschützen.‹ Da Maria das sagte, wandte sich das Herz der anderen zum Guten.« Schwester Maria wusste nicht, wie die Liebe zwischen Jesus und Maria aus Magdala genau ausgesehen hatte, doch der angedeutete Kuss, der den Lebensatem weitergab, und die Umarmung der anderen, als Jesus nicht mehr da war, waren für sie so lebendige Zeichen von Zuwendung, dass es ihr ganz warm ums Herz wurde. Sie wusste, dass die Liebe zu einem Menschen nur dann göttlich war, wenn man sie auch zuließ und weitergab. Genau das wollte sie im Kloster tun. Sie war fest davon überzeugt, dass das Kloster den Rahmen dafür bot, und alles deutete darauf hin, dass das für den Rest ihrer Tage so bleiben würde.

Die ersten Anzeichen von Ernüchterung bemerkte Maria, als sie erkannte, dass es unendlich schwer war, in der kleinen Welt des Klosters echte Menschen zu finden, mit denen man Liebe erleben konnte. Der angedeutete Kuss Jesu musste für sie kein wirklicher Kuss sein, ihr Verlangen saß tiefer. Es war ein großes Missverständnis, dass das Leben in Enthaltsamkeit bedeutete, dass man keine Leidenschaft erfahren durfte. Das Verlangen nach Intimität war mit dem Klostereintritt nicht aus ihrem Herzen gewichen. Im Gegenteil, sie verlangte nach der verschwenderischen Liebe, die ihr helfen würde, die Gemeinschaft all jener aufzubauen, die hier ihr Leben miteinander teilten. Doch mit der Zeit merkte Maria, dass genau diese Möglichkeit fehlte. Nichts half ihr dabei, sich für andere wirklich zu begeistern, sie zu tragen und sich von ihnen tragen zu lassen. Sie vermisste Jesus! Das klang vielleicht vermessen, denn für wen hielt sie sich, dass der Herr in ihrem Leben Wirklichkeit werden sollte? Sie spürte, dass sie Jesus nur in der Liebe zu anderen würde begegnen können. Das wollte sie auf ihre ganz eigene, religiöse Weise erfahren. Klösterlich und doch nicht lebensfern.

Schwester Maria baute Beziehungen auf, gab sich zu erkennen und war zunächst glücklich mit der Gemeinschaft gewesen, die sich im intensiven Kontakt zu Mitschwestern ergab – mit der einen mehr, der anderen weniger. Es gab keinen Grund zur Eifersucht, auch wenn sie sich manchmal dabei ertappte, dass

dieses Gefühl doch immer wieder einmal in ihrem Innern auf-
flackerte. Dennoch versuchte sie stets zu teilen, was sie an Gu-
tem erfuhr. Die Begegnung mit Jesus war leidenschaftlich und
ansteckend. Nichts konnte sie aufhalten. Wer nicht den Mut
hatte, Liebe so zu leben, wie sie zu seinem Leben passte, der be-
ging die einzige Sünde, die es gab: Der Liebe im Wege zu stehen.
Was sie früher bei Menschen beobachtet hatte, die in erkalte-
ten Beziehungen lebten, kam nun auch in ihr eigenes Leben: die
Verschlossenheit. Im Kloster hatten viele anscheinend die Entscheidung getroffen, sich nicht »küssen« zu lassen. Schwester
Maria tat sich damit so schwer, dass sie irgendwann beschloss,
ihre Schwestern nicht mehr zu »umarmen«. Sie würde auf die
Suche nach dem Kuss gehen, sollten die anderen dann eben machen, was sie wollten. Beides war falsch, und das wusste sie.

Ihre Liebe wurde enttäuscht, doch sie versuchte, sich der Enttäuschung zu widersetzen. Es konnte nicht falsch sein, sich
weiter mit voller Leidenschaft in jenes Leben zu stürzen, für
das sie sich entschieden hatte. Sie bemerkte nicht, dass sie andere damit erdrückte und ihnen die Luft zum Atmen nahm.
Hatte die Kälte im Kloster vielleicht ihren Grund? War Liebe
wirklich nicht lebbar, wenn man allen gerecht werden wollte?
Vielleicht lag es an ihr, dass sie nicht in der Lage war, eine ge-
sunde Distanz von Herz- und Lieblosigkeit zu unterscheiden?
Fehlte es ihr an Maß und Einsicht, um wirklich eine Gemeinschaft mit anderen zu bilden? Waren die Leidenschaften, die
sie antrieben, in Wirklichkeit Dämonen, die man bekämpfen
musste? Das konnte nicht sein, denn die Gefühllosigkeit, mit
der die Schwestern sich begegneten, bildete sie sich nicht ein.
Wenn Maria Magdalena in der Gemeinschaft der ersten Christen eine so wichtige Rolle gespielt hatte, dann hatte sie sicher
nicht die Wärme vergessen, die sie in der Begegnung mit dem

leibhaftigen Jesus erfahren hatte. Der Gedanke, dass auch ihre Mitschwestern sich vielleicht nach Liebe sehnten, aber schlicht nicht aus ihrer Haut konnten, kam ihr erst sehr spät.

So war die Verhärtung in ihr Leben gekommen, das Gegenteil von dem, was sie suchte. Nicht nur das Kloster war hart und kalt, sondern inzwischen auch Schwester Maria. Ihre innere Flamme drohte zu verlöschen, der Lebensatem, der Mirjam als Kuss eingehaucht worden war, ging ihr aus, und Umarmungen wichen der Einigelung in das eigene Recht. In der Tat, keiner interessierte sich scheinbar allzu viel für den anderen, nichts wurde zur Kenntnis genommen, weder das Gute noch das Schlechte. Schwester Maria war wieder allein, nur dass sie sich jetzt auch noch in einem Umfeld bewegte, in dem das offenbar selbstverständlich war. Gehörte diese Art von Alleinsein vielleicht zum Leben dazu? Dass sie immer Angst vor klassischen Formen von Beziehung gehabt hatte, war auch darauf zurückzuführen: Sie brauchte ihren eigenen Raum. Das Wort »Mönch« kam nicht zufällig vom griechischen Wort »monos«: einzeln. Doch musste das eine solche Einsamkeit bedeuten? Schwester Maria glaubte in ihrem Innern immer noch nicht daran. Sie wusste inzwischen, dass man durch persönliche Brüche in einer passionierten Gemeinschaft einsamer sein konnte als zuvor. Darum war es gut, sich dagegen zu wappnen. Das ging nur, wenn man die Leidenschaft auf ein höheres Niveau brachte. Man musste eine Einheit sein, so konnte man das griechische Wort »monos« auch auffassen. Diese Einheit war es, die Schwester Maria suchen wollte.

Die Einheit, die die ersten Christen miteinander bildeten, begann bei ihr selbst. Schwester Maria tat sich schwer damit, ihr Verlangen nach Intimität und ihr Leben in der Gemeinschaft miteinander in Einklang zu bringen. Das eine schien das andere auszuschließen. Doch sie wollte ihr Ideal von einer Liebe, die sich vom Kuss inspirieren ließ und alle durch die Umarmung stärkte, nicht aufgeben, um keinen Preis. Sie würde ihrer Namenspatronin folgen, auch wenn sie dafür manch tiefes Tal durchschreiten musste. Oft sah man die Liebe zunächst nicht. Auch Maria Magdalena hatte ihren geliebten Herrn nicht erkannt, als er ihr erschienen war. Erst als er ihren Namen sagte, wusste sie, wen sich vor sich hatte:»Jesus sagte zu ihr: ›Maria!‹ Da wandte sie sich um und sagte auf Hebräisch zu ihm: ›Rabbuni‹, das heißt: Meister. Jesus sagte: ›Halte mich nicht fest, denn ich bin noch nicht zum Vater hinaufgegangen‹« (Johannes 20,16–17). Schwester Maria wollte ihren Namen hören. Nicht einfach nur so, sondern aus dem Mund geliebter Menschen. Sie wollte sich von ihnen rufen lassen und ihren Ruf beantworten, indem sie sie ihrerseits als Meisterinnen und Meister beim Namen nannte. Und sie wollte alles dafür tun, auch den Aufruf Jesu zu befolgen, sich nicht an Vorläufiges zu klammern: Die Liebe kann man nicht festhalten, denn sie findet ihre letztliche Erfüllung nie auf der Erde, sondern im Himmel.

Damit war die Kälte nicht aus dem Kloster gewichen, doch Schwester Maria wusste nun, dass hier ihr Platz war. Das Kloster war der Garten, in dem die Liebe vielleicht zu Grabe getragen worden war, wo sie aber genau wie Jesus auferstehen würde. Wenn sie sie nicht suchte, wie Maria Magdalena Jesus gesucht hatte, würde sie selbst nie gefunden, nicht beim Namen gerufen werden. Sie würde auch weiterhin die Liebe suchen und aller Ignoranz, Härte und Kälte widerstehen. Sie würde mehr denn je all ihre Gefühle, ihre Sehnsucht und ihre Leidenschaft mit anderen teilen. Doch sie würde versuchen, dabei niemanden festzuhalten. Zu oft hatte sie das wohl getan und sich in Wirklichkeit an ihre eigene Vorstellung geklammert. Sie hatte einen

Toten gesucht, den Gärtner getroffen und den Herrn glatt übersehen. Nein, offen wollte sie sein. Vielleicht verbarg sich hinter der Mitschwester, die sich um den Garten kümmerte, die Auferstehung, genau wie bei Maria Magdalena. Vielleicht wartete sie nur darauf, angesprochen zu werden. Vielleicht waren es die Bücher, die ihre Mitschwestern schrieben, die ihr einen Fingerzeig geben konnten? Schwester Maria wusste, dass jeder und jede ihr den Kuss geben konnte. Doch auch sie musste sich trauen, zu küssen, ohne anderen Menschen damit die Luft abzuschnüren. Sie war es, die den Atem weitergeben musste.

Sie würde sich nicht brechen lassen. Sie würde leiden, bis sie gefunden hatte, was sich zu lieben lohnte. Und eigentlich gab es schon viel Liebe in ihrem Leben. Sie dachte wieder an die vielen, die in ihren Familien mit Kälte konfrontiert wurden. Auch sie sehnten sich nach der Erfüllung ihrer Liebe. Schwester Maria würde hier im Kloster für sie beten. Denn genau das war die Perspektive, die sie anderen zu bieten hatte: dass Liebe nur dann göttlich war, wenn man sie loslassen konnte. Dann wurde der Kuss zu einer Umarmung, die nicht weniger zärtlich war. Wenn man in einer bitterkalten Zeit jede und jeden umarmte, dann wärmte man sich gegenseitig. Zum Glück gab es immer Menschen im Leben von Schwester Maria, die bereit waren, ihren Lebensatem mit ihr zu teilen. Sie glaubte fest daran: Alles würde immer besser werden im Namen der Liebe.

Gedanken zur Leidenschaft

Wenn die Liebe, die man in seinem Leben mit anderen teilt, auch Enttäuschungen mit sich bringt, kann es helfen, seine Beziehungen aus einer spirituellen Perspektive zu betrachten.

Das bedeutet nicht, dass man dann seinen Anspruch an ein lie-bevolles Leben loslassen müsste, im Gegenteil. Natürlich, mit vielen Formen christlicher Spiritualität verbindet man eher das Maßhalten als überschwängliche Leidenschaft. Nicht zuletzt das Klosterleben scheint von Anfang an darauf ausgelegt zu sein, sich nicht von seinen Gefühlen abhängig zu machen. Das ist nicht nur ein Selbstschutzmechanismus, um nicht in allzu schwere Krisen zu geraten, sondern zudem eine Form der As-kese, die den Menschen frei macht, um sich für Gott öffnen zu können. Auch hinsichtlich der Liebe findet dann scheinbar eine Kehrtwende statt: Man richtet sie nicht mehr auf bestimmte Personen, sondern in Form von Nächstenliebe auf alle Men-schen. Auch dahinter steht eine Befreiung von Exklusivansprü-chen, die Menschen aneinander haben und die den Blick für das Größere verstellen. Wenn man diesen Anspruch loslässt, öffnet das neue spirituelle Wege, die zu einem gottgeweihten Leben beitragen. So wertvoll diese Perspektive für viele Menschen auch sein mag, so schwer ist sie häufig zu realisieren, wenn man emotional mit Menschen verbunden ist. Jede Form der Liebe, in der Ehe, einer anderen Beziehung, der Freundschaft oder der Gemeinschaft, kann göttlich sein. Nur wenn man sie zu leben wagt, kann man seine Leidenschaft transformieren und lebbar machen; wenn man ihr aus dem Weg geht, führt das zu Einsei-tigkeit und damit zu Einsamkeit und Geschlossenheit.

In jeder Lebensform stellt sich die Frage, wie die affektive Liebe zum anderen dauerhaft bestehen und mit einer empathischen Liebe zusammengehen kann, die weniger exklusiv ist. Jeder Einzelne muss darin seiner eigenen Berufung folgen. Kein Weg ist besser als der andere, denn sie alle verbindet die Suche nach der Verwirklichung des göttlichen Auftrags: Liebt einander! Wie steht es in meiner eigenen Lebensform mit der Liebe, die ich verschwenderisch mit den Menschen teile, die mir am Herzen liegen? Wie kann ich auch in den Stürmen der Zeit und in weniger schönen Phasen der Begeisterung treu bleiben, die mich an diese Personen bindet? Wann strahle ich diese Liebe aus, sodass sie der Gemeinschaft, in der ich lebe, und den vielen, die in unserer Gesellschaft der Zuwendung bedürfen, Kraft gibt? Schwester Maria macht die Legende um ihre Namenspatronin Mut: Maria Magdalena ließ die affektive Bindung an Jesus zu und konnte dadurch alle Jünger stärken. Beides gehört zum Liebesgebot, das Menschen näher zu Gott bringt.

In der Geschichte der klösterlichen Spiritualität hat es immer wieder Beispiele dafür gegeben, dass spiritueller Tiefgang keineswegs Einsamkeit bedeuten und dass affektive Liebe der universalen Nächstenliebe nicht im Wege stehen muss, im Gegenteil. Eines ist der Zisterziensermönch Aelred von Rievaulx (1110–1167). Als Abt stand er einer Klostergemeinschaft vor, in der er die affektive Liebe nicht ausschloss, sondern als Quelle der gemeinschaftlichen Liebe unter den Brüdern erfuhr. Die Freundschaft war für ihn keine abgeschwächte Form der Liebe, sondern ihre göttliche Erfüllung: »So wird derjenige, der sich im Geiste Christi an seinen Freund bindet, ein Herz und eine Seele mit Christus. Auf den Stufen der Liebe steigt er auf zur Freundschaft mit Christus und wird mit ihm eines Geistes durch einen einzigen Kuss.« Es mag erstaunen, dass ein Klosteroberer im Mittelalter solch leidenschaftliche Bilder verwendete, wenn er über zwischenmenschliche Bindung sprach. Man sollte auch nicht den Fehler machen, eine Kritik an der asketischen klösterlichen Lebensform in diese Aussage hineinzuinterpretieren. Es geht vielmehr darum, dass menschliche Liebe immer zu Gott führen kann, wenn man ihre Stufen geduldig erklimmt.

Diese Stufen der Liebe erfordern eine Lebensform, der man treu bleibt. Nur wer bleibt, kann durch leidenschaftliche Höhen und Tiefen hindurch zu einer dauerhaften Liebe kommen, die auch bei Enttäuschungen trägt. Das Kloster ist für Autoren wie Aelred eine solche Form, in der sie Liebe stabil zu leben versuchen, aber das sollte nicht als Anspruch, sondern als Ansporn für die Lebensformen verstanden werden. Jeder Mensch hat die Aufgabe, einen Raum zu finden, wo Bindung und Gemeinschaft möglich sind: die Familie, der Freundeskreis, die Arbeit. Was ist für mich ein Ort, wo ich die Liebe, die ich teilen darf oder die ich suche, so erleben kann, dass sie zur Einheit mit allen beiträgt? Wie kann ich die Einbettung in meine Beziehung, meine Familie, meinen Freundeskreis oder eine andere Gemeinschaft als heilsam erfahren, auch wenn meine spontanen Gefühle manchmal in eine andere Richtung weisen?

Das Ende der Geschichte von Schwester Maria ist idealistisch, vielleicht utopisch. Sie ist fest entschlossen, sich ganz ihrer Gemeinschaft zu geben und doch ihre persönlichen Gefühle zuzulassen. Wer kennt nicht die Situation, dass man trotz allem den Weg der Liebe gehen will, auch wenn es vielleicht schwer oder gar unmöglich scheint? Die verschwenderische Liebe ist für Schwester Maria nur im Licht der göttlichen Liebe möglich. Sie vertraut sich letztendlich Gott an, indem sie trotz aller Enttäuschungen der Liebe vertraut. Wage ich den Sprung, der mich Liebe leben lässt, trotz allem? Dann wird es warm in mir und um mich herum, und im Kloster meines Lebens ist es nicht mehr kalt.

Kontemplation:
Vom Engagement

Wenn man zur Besinnung kommt, kann einen das ungute Gefühl überfallen, dass man eigentlich viel mehr für andere Menschen tun müsste. Wer sich wirklich seinen existenziellen Fragen stellt, darf sich bei all dem Unrecht, mit dem man tagtäglich konfrontiert wird, doch nicht aus der Verantwortung stehlen? Manchmal scheint es, als sei eine spirituelle Inspiration etwas völlig anderes als gesellschaftliches Engagement. Nicht zuletzt in Klöstern lebt man doch von der Welt zurückgezogen? Was kann man da schon machen? Doch es gibt auch in der christlichen Spiritualität immer wieder Stimmen, die »Mystik« und »Widerstand« miteinander verbinden. Das eher unpersönliche »man« kann eine existenzielle Bedeutung bekommen, wenn ich das Gefühl habe, den eigenen Ansprüchen und denen der Mitmenschlichkeit nicht gerecht zu werden. Alltagstrott kann genauso dazu beitragen wie Frustration und Unzufriedenheit mit gesellschaftlichen Zuständen. Rückzug in die Kontemplation ist wichtig, doch sollte dieser immer zum Engagement führen, nicht zur Resignation.

Dennoch fühlen wir uns angesichts der Größe der Herausforderungen wie Klimawandel und soziale Ungleichheit häufig machtlos. Und wir spüren gleichzeitig, dass wir mit der eigenen Position nicht zufrieden sein können, wenn vieles einfach so weitergeht wie bisher. Engagement ist keine Selbstverständlichkeit und stößt oft auf Unverständnis. Gerade wenn wir versuchen, einen Idealismus zu leben, der sich aus der Inspiration des Christentums speist, werden wir belächelt, nicht ernstgenommen. Dann brauchen wir einen langen Atem, Durchsetzungsvermögen und eine Kraftquelle. Sich Zeit und Besinnung zu gönnen, ist gut und richtig, aber lässt man die Notleidenden damit nicht im Stich?

In all diesen Situationen stehen wir vor der Herausforderung, ein gutes Gleichgewicht zwischen Handeln und Innehalten, Dursetzungskraft und Geduld, Engagement und Toleranz zu finden. So unterschiedlich die Herausforderungen auch sein mögen, immer liegt ihnen das Ringen um die spirituellen Grundelemente des Lebens, Aktion und Kontemplation, zugrunde. Die Balance muss immer wieder neu justiert werden. Nicht die äußeren Umstände sind dabei der Ausgangspunkt. Wir können uns nur dann in der Familie, dem Kollegenkreis oder in politischen Debatten wirklich engagieren und einbringen, wenn wir im eigenen Innern eine kontemplative Basis finden. Doch diese Basis ist kein Selbstzweck, sie muss uns umso mehr motivieren, engagiert für andere da zu sein. Schwester Martha versucht in der folgenden Geschichte einen Raum zu schaffen, in dem sie sie selbst sein kann: verbunden mit den Menschen, doch auch in sich selbst ruhend.

Schwester Martha

Als die Bewegung »Fridays for Future« zum Leben erwachte, regte sich auch wieder das Kämpferherz von Schwester Martha, nachdem es einige Jahre geschlafen hatte. Tausende Jugendliche gingen auf die Straße. Sie taten, was Schwester Martha sich selbst nie wirklich getraut, vielleicht aber sehr gerne getan hätte, ja, wozu sie sich eigentlich verpflichtet gefühlt hatte: Sie engagierten sich als Schwestern und Brüder für ihre eigene Zukunft und die ihrer Mitmenschen und scherten sich nicht darum, ob andere sie belächelten oder ihnen wenig lautere Absichten unterstellten. Schwester Martha merkte, dass sie sich in ihrer klösterlichen Abgeschiedenheit deshalb unbehaglich fühlte. Und sie wurde wütend, als sie ihre Mitschwestern im Kloster geringschätzig über Greta Thunberg reden hörte.

Die Ideen dieser Jugendlichen würden genauso schnell wieder von der Bildfläche verschwinden, wie sie aufgekommen waren, meinten die anderen. War Greta nicht allzu naiv? War sie eine Selbstdarstellerin? Im besten Fall sagten die Mitschwestern, sie kämpfe gegen Windmühlen. Das sei zwar sympathisch, doch letztlich sinnlos. Echte Mitmenschlichkeit bedeute doch wohl etwas anderes. Aber was denn dann? Schwester Martha konnte sich nur schwer zurückhalten, um sich im Kloster nicht in endlose Diskussionen zu verstricken. Sie wusste aus Erfahrung, dass das zu nichts führte. Und doch: Was war falsch daran, wenn jemand in naivem Idealismus bereit war zu kämpfen? Konnte man allen Ernstes annehmen, dass eine schlechte Absicht hinter der vielleicht vergeblichen Mühe steckte?

Schwester Martha schämte sich für ihre Mitschwestern und noch mehr dafür, dass sie sie insgeheim nur allzu gut verstehen konnte. Sie hatte sich im Lauf der Jahre arrangiert, und zwar mitten im Kloster, in das sie eigentlich aus ganz anderen Gründen eingetreten war. Sie hatte ihre Nische gefunden, in der sie sich ihre eigene Welt zurechtgelegt hatte. Und doch nagte immer wieder die Frage an ihr: Musste sie sich nicht viel mehr engagieren? Musste sie sich der neuen Gemeinschaft für die Zukunft der Erde nicht anschließen? Wie konnte sie als christliche Nonne allen Ernstes vorgeben, es gäbe nichts zu tun, und das auch noch damit zu rechtfertigen, dass man sich hier auf Spiritualität konzentrieren müsse?

Irgendwie bewunderte sie Greta und die vielen anderen, weil sie es all denen zeigten, die es sich in ihren ach so wichtigen Aufgaben und Ämtern bequem gemacht hatten. Klar, jeder tat, was er konnte und hatte andere Sorgen, als gegen das zu kämpfen, was sowieso nicht zu ändern war. Man musste erst einmal selbst sehen, wo man blieb, oder etwa nicht? Doch wo war der Idealismus geblieben, den Schwester Martha immer als ihre eigentliche Lebenskraft gesehen hatte? Wann, wenn nicht jetzt sollte sie die Welt verändern? Sie dachte viel darüber nach, wann ihr der innere Antrieb abhandengekommen war, für ihre Prinzipien einzutreten, für diejenigen, die keine Stimme hatten. War sie nicht gerade deshalb Nonne geworden, um ihren Prinzipien zu folgen? Manchmal zweifelte sie daran, denn sie hatte irgendwann das Gefühl gehabt, die Kämpfe, für die ihr Herz brannte, nur verlieren zu können. Sie war müde geworden. Der Kampf war vorbei, das Leben im Kloster zwar zuweilen hart, aber doch nicht schlecht. Immer wieder einmal hatte sie sich nach Gefährten gesehnt, die wie sie nicht einverstanden waren und auf die Barrikaden gingen. Im Kloster hatte sie sie jedoch nicht gefunden. Und es war in Ordnung so.

Schwester Martha hatte sich schon von klein auf Sorgen über jedes Unrecht gemacht, das Menschen in ihrer Umgebung geschah. Sie konnte es nicht ertragen, wenn andere Kinder weniger hatten als sie oder in der Schule ungerecht behandelt wurden. Sie hatte Mitleid mit jedem Bettler, den sie beim Einkauf mit ihren Eltern sah, fühlte sich mit ihm verbunden. Sie sprach die Ungerechtigkeiten an, schimpfte und weinte – und merkte schnell, dass es längst nicht immer erwünscht war, auf eine bessere Welt hinzusteuern. »Wir können als kleine Leute sowieso nichts verändern, also halte dich da lieber raus«, hatte ihr Vater gesagt. Das hatte Vorteile gehabt, denn wehren konnte sie sich nur schwer. Wenn andere Kinder sie hänselten oder es auf eine Mutprobe anlegten, ging sie dem Streit lieber aus dem Weg. Sie wollte auf keinen Fall Gleiches mit Gleichem vergelten. Als sie zu Hause erzählte, eine Freundin habe ihr mit Ohrfeigen gedroht, sagte ihr Vater zu ihr: »Dann wehr dich!« Nicht um der Gerechtigkeit willen, sondern um danach wieder in Ruhe gelassen zu werden. Sie hatte es nicht übers Herz gebracht und es schlicht über sich ergehen lassen, als sie die erste Backpfeife abbekommen hatte. Sich schlagen zu lassen, war ihr stiller Protest. Sie hatte geheult, aber ihr Kampf war die Geduld gewesen, das Aushalten. Und die Übeltäter hatten ihr leidgetan.

Schwester Martha hatte versucht zu tun, was man von ihr erwartete. Doch sie wurde weder ihren eigenen noch den Wünschen ihrer Umgebung gerecht. Und dann war da auf einmal die Idee gewesen, sich dem ganzen Wahnsinn zu entziehen. Wenn es schon im Großen nicht umsetzbar war, was sie sich wünschte, dann wenigstens in der kleinen Welt des Klosters. Hier konnte sie ihr Engagement in praktischen Aufgaben ausleben, konnte für andere da sein und das sogar zu ihrer Lebensaufgabe machen. Zudem waren die Schwestern füreinander da, das war ihre Aufgabe. Sie beteten und arbeiteten. Die Welt verändern konnte Schwester Martha nicht, wohl aber sich selbst. Sie würde sich nicht mehr im Großen verlieren, keine Traumtänzerin mehr sein, sondern sich auf das konzentrieren, was sie gut konnte: anpacken und auf Gott vertrauen. Das Kloster war ein Ort für Weltverbesserer, die nicht scheitern wollten und darum quasi unter göttlichem Schutz das Ihre taten und ertrugen. Denn nicht nur an vorderster Front konnte man etwas bewegen. Sie würde nicht gegen den Krieg demonstrieren, denn wen interessierten schon ihre Aktionen und Ideen? Stattdessen wollte sie sich einem höheren Ziel verschreiben, das sich nicht im Sinnlosen verlor, und mit ihrer eigenen Hände Arbeit Gutes tun, hier ganz konkret, klein zwar – aber das bedeutete die Welt für sie.

Ihren Klosternamen hatte Schwester Martha quasi geerbt. Eine mittlerweile verstorbene Schwester hatte so geheißen, und nach alter Tradition wurde der Name bei einer Novizin neu vergeben. Zunächst hatte ihr das nicht gefallen. Bekam Martha im Evangelium nicht eine Abfuhr von Jesus, weil sie sich viel zu viel kümmerte und es nicht ertragen konnte, dass ihre Schwester Maria nichts tat? Doch dann hatte sie sich doch auch in Martha wiedererkannt, denn sie war eigentlich so wie sie. Viele hatten sie in jungen Jahren wegen ihrer Hilfsbereitschaft gelobt. Wie gut von ihr, dass sie immer ein Auge dafür hatte, wo etwas liegenblieb oder andere etwas brauchten. Es hatte ihr gefallen, sich nützlich zu machen.

Zugleich wusste Schwester Martha, dass es dabei in Wirklichkeit auch um sie selbst gegangen war. Sie hatte einen inneren Drang, immer etwas tun zu müssen. Das war gut und vor allem notwendig, denn irgendwer musste es ja erledigen, wenn andere zusahen. Damit hatte sie zugleich den Anspruch verbunden, dass nur sie diese Aufgabe erfüllen konnte. Sie wollte es so und beklagte sich zugleich darüber – wie Martha in der Geschichte aus der Bibel: Martha stand dem Haushalt vor, zu dem ihre Schwester Maria und ihr hilfsbedürftiger Bruder Lazarus gehörten. Sie hatte die Zügel in der Hand und sorgte dafür, dass alles »wie geschmiert« lief. Schwester Martha hatte dabei oft an ihre eigene Mutter denken müssen: Sie hatte sich eigentlich nie um ihre eigenen Interessen oder Hobbys gekümmert, sondern immer für den Haushalt gesorgt. Ob sie es wohl jemals bereut hatte? Nein, sie hatte für die Kinder die Welt gerettet und bedeutet!

Ihre Namenspatronin war für sie Motivation und mahnendes Beispiel zugleich. Schwester Martha glaubte nicht, dass es falsch war, wenn man sich ganz konkret engagierte, im Gegenteil. Denn was man im Kleinen tat, hatte immer auch Auswirkung im Großen. Wenn die Martha in der Bibel also irgendwann die Entscheidung getroffen hatte, für ihre Geschwister da zu sein, dann hatte das wohl auch bedeutet, sich nicht mehr mit den scheinbar großen Fragen des Lebens zu beschäftigen. Sie hatte viele ihrer Ansprüche loslassen müssen, um der Aufgabe gerecht zu werden. Aber es war ihr sauer aufgestoßen, wenn man sie damit alleinließ. Als Jesus, ein Freund des Hauses, zu Besuch kam, musste Martha ausdrücklich darauf hinweisen, dass sie Hilfe benötigte: »Herr, kümmert es dich nicht, dass meine Schwester die Arbeit mir allein überlässt?« Das war eine berechtigte Frage. Auch wenn Martha nur allzu gern die Zügel in der Hand hielt, wurde es ihr manchmal einfach zu viel. Sie schaffte es nicht, den Haushalt ganz allein zu managen. Und was tat ihre Schwester Maria? Wie eine Tagträumerin setzte sie sich zu ihrem Gast und tat nichts. Jesus gibt ihr auch noch Recht: »Martha, Martha, du machst dir viele Sorgen und Mühen. Aber nur eines ist notwendig. Maria hat den guten Teil gewählt, der wird ihr nicht genommen werden« (Lukas 10,40–42).

Schwester Martha empfand es als eine große Ungerechtigkeit, dass Maria als die Gute dargestellt wurde und Martha als die Spielverderberin. Als sie ins Kloster eingetreten war, stellte sie fest, dass es hier viele gab, die sich wie Maria nicht darum kümmerten, was es alles zu tun gab. Die Arbeit ruhte in der Schwesterngemeinschaft auf einigen wenigen Schultern. Was machten die anderen eigentlich den ganzen Tag? Saßen sie »dem Herrn zu Füßen und hörten seinen Worten zu« (Lukas 10,39)? Sie wusste es nicht. Vielleicht waren sie auch einfach nur müde oder faul. Trotz aller guten Absichten und trotz ihres festen Vorsatzes, nicht über diejenigen zu urteilen, die scheinbar nichts taten, war Schwester Martha dadurch in die erste heftige Krise ihres Ordenslebens geraten. Musste sie nicht auch sein wie Maria? War es ihr nicht darum gegangen, sich nicht an großen Idealen aufzureiben? Hatte sie ihre Weltverbesserer-Haltung einfach ins Kloster verlegt und konnte es nun nicht ertragen, genau wie Martha, dass andere eben einen anderen, vielleicht viel tieferen Weg gingen?

Sie konnte und wollte irgendwann nicht mehr, fühlte sich ausgebrannt und leer. Sie hätte gern mit demselben Eifer und der scheinbar unerschöpflichen Energie weiter alles getan, was in ihrer Macht stand, um dem gemeinsamen Leben mit ihren Mitschwestern zu dienen. Doch sie sah keinen Sinn mehr darin. Warum eigentlich nicht? War denn nicht alles so gekommen, wie sie es gewollt hatte? Auf einmal verlor das Kleine seinen Sinn, weil es hier nichts Großes zu entdecken gab, so sehr sie das auch gehofft hatte. Vielleicht hatte Schwester Martha einfach aufs falsche Pferd gesetzt, als sie sich die bescheidenen Ziele der biblischen Martha auf die Fahnen geschrieben hatte. Ein bisschen mehr Maria sein, sich hinsetzen und frommen Geschichten zuhören, das war einfach nicht ihre Sache. Sie wusste, dass sie dazu nicht geboren war. Und genau das brachte sie zur Verzweiflung, denn sie könnte genauso gut in der Welt auf die Barrikaden gehen.

Sie war eine Macherin. Nicht, dass sie dazu hier keine Gelegenheit gehabt hätte, aber es erschien ihr verbohrt, wenn man sich unter dem Deckmäntelchen der inneren Ruhe um nichts kümmerte und mit dem eigenen kleinen Leben zufrieden war. Es erschien ihr unverantwortlich, wenn man sein Klosterleben als Schlupfwinkel verwendete und all das ausblendete, was Schwester Martha als eine heilige Pflicht erfuhr. Nie hatte sie sich vorstellen können, wie ermüdend der Kampf um ein engagiertes Leben auch dann sein konnte, wenn man sich ihm eigentlich entzog. Es war viel zu einfach gewesen, davon auszugehen, dass man im Kloster seiner Gewissensnot entgehen konnte. Der Zwiespalt war nämlich nicht, ob man aktiv für das eintrat, was einem heilig war, oder es eben bleiben ließ und sich eher auf innere Betrachtung richtete. Egal, wo und wie: Schwester Martha würde immer und überall damit konfrontiert werden, wie sie ihr Leben gestalten konnte, was sie als ihre Pflicht sah, worüber sie sich ärgerte und was sie sich nicht traute.

Für Schwester Martha gab es zwei innere Konflikte, denen sie sich stellen musste. Da war zunächst der Kampf mit dem eigenen Aktionismus. Sie war auch im Kloster der Versuchung erlegen, die Welt allein verändern zu wollen. Diesmal hatte sie sich nicht wie in ihrer Jugend daran verhoben, große Ideale mit der Brechstange durchsetzen zu wollen, sondern aus den Augen verloren, wofür sie sich mit all ihren Kräften einsetzte. Und das war mindestens genauso schlimm. Der zweite Konflikt betraf den Vorwurf, den sie sich selbst machte, nämlich sich aus der Verantwortung gestohlen zu haben. Hatte sie nicht aus Angst alles verraten, was ihr wichtig gewesen war, und sich eingeredet, dass es nur noch um ihre kleine, behütete Umgebung im Kloster ging? Beide Konflikte hatten miteinander zu tun, und sie brachten sie so aus dem Gleichgewicht, dass sie nicht mehr wusste, ob sie im Kloster würde bleiben können. Denn alles, wofür sie sich hier einsetzte, war nichts im Vergleich zu dem, was in der Welt los war; und dann war es auch noch ungerecht, wie es in dieser kleinen Welt zuging.

Anderen diesen Zwiespalt zu erklären, war unmöglich. Wer hätte sie im Kloster schon verstehen sollen? Die Mitschwestern interessierten sich nicht wirklich für Probleme außerhalb der Klostermauern. Dafür wurden die praktischen Probleme, wegen denen außerhalb des Klosters niemand wachliegen würde, hier riesengroß: wer nun den Gang putzen oder die Sakristei aufräumen sollte. Ihre Beziehung zu den Mitschwestern geriet in die Krise. Eine von ihnen fand deutliche Worte. Sie machte ihr unmissverständlich klar, dass die Gemeinschaft auf sie angewiesen war, dass sie sich aber oft fühlten wie Maria im Evangelium, als würde Martha ihnen insgeheim übelnehmen, dass sie nichts taten, außer sich dem zu öffnen, worum es eigentlich ging. Ob sie damit wohl Recht hatte?

Eine frühere Freundin war den entgegengesetzten Weg gegangen, stand heute in der ersten Reihe bei Demos und organisierte inzwischen sogar Projekte mit Jugendlichen, die dem Klimaschutz dienten. Sie hatte irgendwann akzeptiert, dass Schwester Martha sich eben anders entschieden hatte. Aber dann musste sie sich jetzt auch nicht beklagen. Marthas Lebensweg war in eine Sackgasse geraten, aus der es keinen Ausweg zu geben schien. Weder im Kloster noch sonst wo. Denn wie immer sie es auch betrachtete, sie konnte sich nicht mehr entscheiden, was sie nun eigentlich wollte. Sie hatte Martha werden wollen, die sich von Maria inspirieren und korrigieren lässt. Doch die Gelassenheit, sich wirklich inspirieren zu lassen, hatte sie nicht. Geblieben war die brennende Unruhe.

Irgendwann erkannte Schwester Martha, dass sie ihre eigenen »Fridays for Future« würde finden müssen, um zu überleben. Die inneren Kämpfe des übersteigerten Aktivismus und des weltfremden Idealismus hatte sie schon verloren. Auch der scheinbare Gegensatz zwischen der großen weiten Welt des gesellschaftlichen Engagements und der kleinen Welt des Klosters hatte sich als falsch herausgestellt. Es war ihr inzwischen egal, was andere von ihr hielten, denn nirgends würde sie wirklich sie selbst sein können. Sie dachte an ihren Vater und seinen guten Tipp, sich zu wehren, wenn man geohrfeigt wurde. Die biblische Martha hatte versucht, sich zu wehren. Es wurde aber dort nicht erzählt, wie sie darauf reagierte, als sie auf ihrem Recht auf Hilfe und Unterstützung bestand. Wahrscheinlich, so glaubte Schwester Martha, hatte sie wohl einfach weitergearbeitet. Und Maria war wohl auch einfach sitzen geblieben. Hatten sie dadurch eine schlechte Beziehung zueinander gehabt? Nein, sich zu wehren war nicht der richtige Weg. Eher musste man sich in die anderen hineinversetzen, ihren Weg nicht disqualifizieren und einsehen, dass Besinnung genauso wichtig ist wie Engagement.

Trotzdem gab es so etwas wie objektives Unrecht. Als Kind hatte sie das ganz deutlich gespürt, und den vielen protestierenden Jugendlichen ging es heute genauso. Wie konnte Maria im Evangelium einfach nur zuhören? Was wurde ihr denn schon gesagt? Wenn es um die Gerechtigkeit ging, musste man sie angehen, nicht abwarten. Andererseits: Wie konnte Martha einfach ihren eigenen Weg und ihre Haltung allen auferlegen? Was erreichte sie denn schon mit all ihren Anstrengungen? Wenn man sich nicht mehr auf den Kern besinnen konnte, brannte man schnell aus. Es war ein Gedankenstrudel, dem Schwester Martha kaum entrinnen konnte. Sollte sie das Kloster verlassen? Sollte sie mehr Muße suchen, auch wenn sie die eigentlich nicht brauchte?

Sie wollte versuchen, zunächst einmal klarer zu sehen, was ihre Zukunft sein könnte, und begann buchstäblich ihre eigenen »Freitage« zu halten. Sie stellte sich an diesen Tagen den Problemen, die ihrer Zukunft im Weg standen, und zwar ganz konkret. Einmal in der Woche nicht das tun, was sie sowieso tat. Jeden Freitag das lesen, was sie eher verstörte. Ende der Woche einmal loslassen, was sie die ganze Woche so beschäftigte. Und all das aus einer Haltung, die im Kloster selbstverständlich sein sollte: Gebet. Schwester Martha wurde an diesen Tagen zu einer Art Einsiedlerin. Sie saß entweder auf ihrer Zelle, in der Klosterkirche oder der Bibliothek und las. Sie hörte zu, so wie Maria. Aber sie merkte, dass diese kontemplativen Zeiten ihr inneres Feuer nicht erstickte, im Gegenteil. Und sie fühlte sich ihrer Freundin bei der Demo näher als zuvor.

Ob die Jugendlichen bei den Demos wohl beteten? Und ob die Schwestern, die den ganzen Tag nichts zu tun schienen, beteten? Beten bedeutete in dieser Phase ihres Lebens für Martha, sich dem inneren Konflikt zu stellen, den man aus eigener Kraft nicht lösen konnte. Was würde Jesus wohl sagen? Was würde er ihr raten? Welche Sorgen würde er relativieren, welches Gut ihr gönnen? Eine Antwort fand sie nicht, wohl aber eine Art, den Konflikt zu einem spirituellen Weg werden zu lassen. Man konnte nicht einfach beiseiteschieben, wenn man enttäuscht, verärgert oder empört war. Seine Gefühle zuzulassen bedeutete, dass man sie auf eine höhere Ebene brachte und daraus lernte. Wut konnte auch zu einem Antrieb werden, bei sich selbst anzufangen und dann den Menschen besser begegnen zu können. Empörung konnte einem helfen, seine Stimme zu erheben und sich zu engagieren. Dafür war es aber nötig, dass Schwester Martha diese Gefühle an ihren Freitagen quasi heiligte. Wie das ging? Wohl nur, indem sie einfach nur dasaß, las und betete.

Schwester Martha wusste, dass sie das Kloster nicht verlassen würde. Sie würde ihren Beitrag zur Gerechtigkeit hier an ihrem Platz leisten. Sie würde nicht die Augen verschließen und nicht den Mund halten, auch wenn sie sich damit unbeliebt machte und vielleicht allzu sehr verausgabte. Doch sie würde versuchen, sich wieder auf das Gebet zu besinnen. Das klang recht weltfremd. Was würde sie ihren Patenkindern, die noch klein waren, sagen, irgendwann, wenn die Klimakatastrophe da war? Die Antwort »Ich habe für euch gebetet« klang beinahe zynisch. Und doch war sie es nicht. Denn Gebet bedeutete für Schwester Martha Solidarität und Engagement, aber in einer höheren, einer göttlichen Perspektive. Sie würde mit ihren Mitschwestern beten, würde versuchen, mit Milde zu sehen, wie jede ihr Leben im Angesicht Gottes lebte, einschließlich sie selbst. Sie würde hier auch weiterhin alles am Laufen halten. Dadurch würde sie sich für die Jugendlichen bei den Demos engagieren. Ihre Demo war hier in der Klosterkirche, ihr Engagement das Putzen des Ganges. Doch ihren Mund würde sie auch weiterhin nicht halten.

Gedanken zum Engagement

Das Gefühl, uns engagieren zu wollen, es aber aus allen möglichen Gründen nicht zu können, kann frustrieren und in die Verzweiflung treiben. Eine mögliche Schlussfolgerung ist, dann eben in der eigenen Lebensumgebung zu beginnen, die Welt ein bisschen besser zu machen. Schwester Martha zieht sich dafür in unserer Geschichte ins Kloster zurück. Auch in anderen Lebenssituationen kann es eine Befreiung sein, nicht die ganze Welt retten zu wollen, sondern quasi molekular bei dem zu beginnen, was man ändern kann. Aber auch dann sind die Möglichkeiten häufig begrenzt, weil auch das direkte menschliche Miteinander keineswegs einfach ist. Innere und äußere Konflikte gehen durcheinander, Hoffnungen und Enttäuschungen, Ideal und Illusion, Pragmatismus und Engagement. Oft vergessen wir dabei, dass die Basis jedes Engagements, sei es im Großen oder im Kleinen, darin liegt, aus einer inneren Ruhe und Inspiration heraus zu handeln, die man Kontemplation nennt. Wer sich zurückzieht und den Weg ins eigene Innere zu gehen versucht, steht einem engagierten Leben nicht im Weg, sondern schafft einen »Humus«, der dem beherzten Handeln zugrunde liegt. Es ist schwer, sich damit abzufinden, dass man selbst Raum für Kontemplation schaffen muss, wenn einem spontan vielleicht gar nicht danach ist, oder zu akzeptieren, dass andere diesen Raum in ihrem Leben stärker in Anspruch nehmen.

Sowohl, was die großen Ansprüche als auch, was das tägliche Arbeitspensum betrifft, sucht Schwester Martha in unserer Geschichte nach dem Königsweg. Sie will ihrer eigenen Natur entsprechen und für andere tun, was sie kann. Doch wirklich glücklich wird sie dabei nicht. Bei ihrer Aktivität geht ihr die kontemplative Basis verloren, nach der sie sich eigentlich sehnt. Vielleicht wären ihre inneren Konflikte zu vermeiden gewesen, wenn sie genau diesen Bereich der Verinnerlichung zugelassen hätte – in ihrer Jugend, als ihr Gerechtigkeitssinn sie zur Verzweiflung und zum passiven Widerstand brachte, und auch im Kloster, als sie frustriert erkennen musste, dass sie scheinbar die Einzige war, die sich um das kümmerte, was zu tun war.

Geht es uns nicht auch manchmal wie Schwester Martha? Ob wir nun in einem Kloster leben oder uns ganz der Familie, der Arbeit, dem ehrenamtlichen Engagement hingeben: Wir suchen nach Wegen, aktiv zu bleiben oder zu werden. Wir wollen den Menschen gerecht werden. Doch auch die noch so sorgfältig abgewogene Tätigkeit kann uns ermüden, wenn wir nicht mehr erkennen, warum wir tun, was uns wichtig ist. Wollten wir nicht mal die Welt verbessern? Letztlich kämpfen wir mit uns selbst um eine Haltung, die Kontemplation und Engagement als zwei Seiten derselben Medaille einen Platz einräumt. Frustration und Desillusionierung haben immer auch eine Ursache im eigenen Inneren. Denn ohne den kontemplativen Blick, der das scheinbar Unmögliche nicht belächelt, kann ein Mensch auf Dauer nicht wirklich engagiert bleiben. Doch auch das Umgekehrte gilt: Wenn die Kontemplation sich nicht in konkretes Engagement übersetzt, wird man unzufrieden und hat das Gefühl, zu verraten, wofür man sich mit ganzem Herzen einsetzen will.

In der Geschichte der Spiritualität ist das Verhältnis von Kontemplation und Aktion unterschiedlich interpretiert worden. Wo man ursprünglich, nicht zuletzt von der biblischen Erzählung von Martha und Maria inspiriert, von zwei verschiedenen Wegen ausging, entstand später das Modell, dass man die Kontemplation *in* der Aktion suchte *(contemplatio in actione)*. Verschiedene Schulen der Spiritualität machten keinen strikten Unterschied mehr zwischen einem kontemplativen und einem aktiven Leben. Vielmehr wurde das engagierte Handeln für bedürftige andere als Raum der Betrachtung aufgefasst. Nicht im Rückzug, sondern in der Praxis lag die Inspiration. Es gab auch die umgekehrte Bewegung, nämlich dass die Aktion *in* der Kontemplation verortet wurde *(actio in contemplatione)*. Die Betrachtung wurde dann zum Motor des Handelns. In allen Varianten bleibt jedoch die Herausforderung, wie man die Brücke zwischen einem beschaulichen und einem engagierten Leben schlagen kann, und wo.

Der amerikanische Trappist Thomas Merton hat zeitlebens mit dieser Frage gerungen. Er suchte nach einem Weg, innerhalb seines Klosterlebens gesellschaftlich engagiert zu bleiben. Das gelang ihm mal besser, mal schlechter. Sein Engagement für den Frieden wurde ihm längst nicht von allen Mitgliedern seines Ordens gedankt. Dennoch können sein Leben und sein Denken als Beispiel dafür dienen, wie man sich in der Spannung von Kontemplation und Aktion authentisch verhalten kann. Merton hat die Gegensätze benannt, zugleich aber auch in treffenden Bildern darauf hingewiesen, dass man ihnen nicht entrinnen kann, sondern sich ihnen stellen muss. Das folgende Zitat aus seinem Buch *Keiner ist eine Insel* zeigt eindrücklich, dass es immer um unsere Beziehungen – die Liebe – geht: »Aktion ist die Liebe, die sich nach außen wendet, zu anderen Menschen. Kontemplation ist die Liebe, die sich nach innen wendet, zum göttlichen Ursprung. Aktion ist der Strom, Kontemplation ist die Quelle.« Strom und Quelle setzen sich gegenseitig voraus. Wer immer auf den vordersten Wellen reitet, wird irgendwann auf dem Trockenen sitzen. Wer jedoch immer auf der Quelle sitzt, wird sie irgendwann verstopfen. Mertons Antwort ist keine Lösung, sondern eine Haltung, nämlich die Liebe.

Merton formulierte aber noch einen weiteren eindringlichen Appell: »Wir müssen leben, ohne uns selbst ständig kontrollieren und effektiv machen zu wollen. Arbeiten ohne direkte Belohnung ist unsere Aufgabe. Liebhaben ohne direkte Befriedigung unserer Bedürfnisse. Leben ohne direkte Anerkennung.« Eine Lösung ist das wahrlich nicht, aber eine Antwort auf die Frage, wie man es aushalten kann, dass kaum ein direkter Effekt unserer Bemühungen zu sehen ist, im Kleinen wie im Großen. Erneut nennt er die Liebe. Man kann sie durch das Gebet ergänzen, das Schwester Martha an ihren eigenen »Freitagen für die Zukunft« für sich neu entdeckt. Wann neigen wir dazu, uns ganz für andere zu verausgaben oder uns im Rückzug einzuigeln? Welche Liebe trägt uns auch durch Ermüdung und Frustration? Was heißt Gebet in unserem Leben, auch wenn wir nicht im Kloster leben und vielleicht keinen festen Gebetsrhythmus haben? Die Geschichte von Schwester Martha erinnert uns daran, dass kontemplative Momente sich in begeistertem Handeln entladen müssen, aber auch, dass Engagement die Erdung in besinnlichen Phasen braucht.

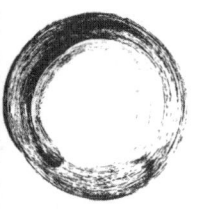

Endlichkeit:
Vom Loslassen

Nichts tastet menschliche Beziehungen so sehr an wie die Konfrontation mit dem Tod. An einem Sterbebett wissen wir oft nicht, wie wir uns verhalten, was wir sagen sollen. Es ist unendlich schwer, den Abschied gemeinsam zu durchleben, wenn geliebte Menschen gehen. Wie soll man einerseits loslassen, weil das irdische Leben endet, andererseits aber auch über den Tod hinaus verbunden bleiben? Dafür die richtigen Worte zu finden, überfordert uns oft. In der Regel Benedikts gehört der Tod zum Leben. Bei den »Werkzeugen der geistlichen Kunst« steht: »Den unberechenbaren Tod täglich vor Augen haben« (RB 4,47). Wenn Mönche sich früher begegneten, grüßten sie sich mit dem Wort »*Memento mori!*« (»Gedenke, dass du stirbst«). Selbst wenn das heute nicht mehr üblich ist, bleibt doch die Frage, ob nicht ein bewusstes, natürliches Verhältnis zum Tod auch die Beziehung zu unseren Lieben über den Tod hinaus leichter macht. Wenn man mit der Trauer des Abschieds konfrontiert wird und mit einem Mal klar ist, dass man nie wieder gemeinsam am Tisch sitzen wird, kann man loslassen, sobald der Tod kein Gegensatz zum Leben ist, sondern dazugehört. Dann bleibt man verbunden, auch wenn man loslassen muss.

Klassische religiöse Glaubensmuster weisen scheinbar den Weg ins Jenseits für den Verstorbenen, da diesem ein Leben nach dem Tod verheißen ist. Man könnte dann meinen, dass es eigentlich keinen Grund zum Trauern gibt. Gerade in Klöstern begegnet man oft dieser Haltung: »Gönne dem anderen seinen Himmel.« Schmerz wird dann unterdrückt, für Tränen ist kein Platz. Aber es gibt gerade heute auch viele Erfahrungen, die dem Geist des »Memento mori« mehr entsprechen, weil die Grenze zwischen Leben, Tod und Weiterleben weniger scharf ist. Gibt es auch ein Weiterleben hier und jetzt, inmitten seiner Lieben, nicht nur weit entfernt im Jenseits? Die Endlichkeit wird viel zu oft entweder als endgültiger Abschied oder als bleibende Verbundenheit trotz allem erfahren. Was wir im Angesicht des Todes empfinden, liegt jedoch meist in der Mitte. Gemeinschaft an einem Sterbebett zu erleben, bedeutet, loszulassen, zugleich aber auch zuzulassen, dass man sich neu entdeckt und füreinander da bleibt, über den Tod hinaus.

Darüber miteinander zu reden, ist eine der größten Herausforderungen, vor die man als Mensch gestellt ist. Die Scheu davor ist oft groß, ebenso wie die Angst, etwas falsch zu machen oder etwas Falsches zu sagen. In vielen Fällen kommt es nicht zum Gespräch, zur Begegnung zwischen Sterbenden und ihren Lieben. Wenn das doch geschieht, meist unerwartet und nicht geplant, kann das Wunder geschehen, dass man *im* Loslassen Verbundenheit erlebt. In der folgenden Geschichte von Jan, dessen Mutter im Sterben liegt, geht es um Loslassen, Teilen und Wiederentdecken.

Jan

Jan wusste, dass seine Mutter sterben würde. Wie aus heiterem Himmel hatte sie die Diagnose erhalten, dass eine unheilbare

Krankheit bei ihr zwar behandelt, aber nicht geheilt werden könne. Das war ein Schock gewesen. Jan war Mitte dreißig, seine Mutter sechzig. Sie lebte allein. Die erste Zeit kam beiden unwirklich vor. Es ging ihr soweit gut, es war nichts von der Zeitbombe zu merken, die in ihr tickte. Nach dem ersten Nachmittag, an dem sie beieinandergesessen und lange gesprochen hatten, setzte eine Maschinerie von Bürokratie und Behandlungen ein: Einweisungen, Überweisungen, Entlassungen und dazwischen Anträge, Belege und jede Menge anderer Papierkram. Und dann immer wieder die Therapie. Das war nicht schlecht, Jan und seine Mutter hatten etwas zu tun. Nur redeten sie nicht mehr wirklich über das Unausweichliche. All das Tun hatte jetzt noch seinen Sinn, doch das würde sich in nicht allzu ferner Zukunft ändern. Auch wenn sie sich Hoffnung zu machen versuchten, gab es sie eigentlich nicht, und alle wussten das. Wie weit die Zukunft noch gehen würde, konnte keiner sagen. Sie war immer da, und doch spielte sie keine Rolle.

In dieser merkwürdigen Zeit mussten Jan und seine Mutter sich neu kennenlernen. Er hatte drei kleine Kinder, die ihre Oma gern mochten. Eigentlich hatte er es immer selbstverständlich gefunden, dass genug Zeit für seine Mutter mit den Kindern übrigblieb. War das wirklich so? Es war immer viel los gewesen: viel Spaß und viel Stress zugleich. Samstags hatten sie die Oma besucht, vielleicht nicht jede Woche, denn es kam immer mal wieder etwas dazwischen, aber doch regelmäßig. Meist hatten sie abends wieder zu Hause sein wollen, weil es noch etwas zu erledigen gab oder Jan nach dem ganzen Stress der Woche einfach seine Ruhe haben wollte. Seine Mutter hatte sich nie beschwert, auch sie hatte ihr eigenes Leben gehabt. War das immer noch so? Jan war sich nicht mehr sicher, ob er ihr immer gerecht geworden war. Aber auch die umgekehrte

Frage musste gestellt werden: Was war seine Mutter für ihn gewesen?

Es hatte schwere Zeiten gegeben. Die Eltern hatten sich getrennt, als Jan acht Jahre alt war. Seine Mutter war ihre eigenen Wege gegangen, als sie gemeinsam aus Jans Geburtsstadt wegzogen. Trotzdem war es für ihn nie eine Frage gewesen, ob seine Mutter für ihn da war. Er hatte sich auch immer viel erlaubt und manchmal das Gefühl gehabt, seiner Mutter sei das relativ egal gewesen. Aber vertraut hatte er ihr immer. Nähe war selbstverständlich gewesen, denn nur wenn man zusammenrückt, kann man sich gemeinsam durchschlagen. Das war immer gut gegangen. Jan hatte gewusst, dass er seinen Weg gehen musste, aber zugleich, dass er ihn gehen konnte und gehen würde. So war es auch mit seiner Mutter gewesen, selbst wenn Jan oft das Gefühl gehabt hatte, dass sie irgendwie vom Pech verfolgt war. Sie hatte immer weitergemacht, mit dem Guten wie mit dem Schlechten. Wenn alles gut war, hatte sie gerne gelacht, wenn es ihr schlecht ging, auch viel geweint. Doch immer war seine Mutter sie selbst gewesen. Jan hatte nie wirklich viel darüber nachgedacht, wer sie eigentlich war, das fiel ihm jetzt auf. Als er seinen eigenen Lebensweg einschlug, zu Hause auszog, die Karriereleiter erklomm, die Kinder geboren wurden, war es immer in Ordnung gewesen, nicht mehr und nicht weniger.

War jetzt also die Zeit gekommen, sich aufeinander zu besinnen? Wie sollte das gehen, wenn man es nicht gewohnt war, Selbstverständlichkeiten zu durchbrechen? Wie konnte er seine Gefühle zeigen, wenn sie so ganz anders waren als sonst? Was konnte er schon tun, wenn sich abzeichnete, dass das vielleicht gar nicht mehr allzu viel Sinn haben könnte? Jan wunderte sich, dass er diese Fragen scheute. Er war in einem Klima größter Freiheit aufgewachsen. Alles war in Ordnung, nichts war falsch gewesen. Manchmal war ihm das zu wenig gewesen, denn es fühlte sich oft eher nach Desinteresse als nach Freiheit an. Viele seiner Freunde hatten Jan in seiner Jugend um die Unbefangenheit, die in seinem Elternhaus herrschte, beneidet. Doch jetzt stieß die Grenzenlosigkeit an ihre Grenzen. Es war unendlich schwer, sich der Endlichkeit zu stellen. Sie hatten es nie gelernt.

Seine Mutter war, vielleicht aus der Not der frühen Trennung geboren, stets eine sehr selbstständige Frau gewesen. Sie hatte immer für die Familie gesorgt, und das war ihr gelungen. Jan fühlte sich gut erzogen. Man hatte ihr nichts vormachen können. Nur in Momenten, wenn das Leben ihr übel mitspielte und nichts mehr ging, hatte Jan ihr manchmal aus der Patsche helfen müssen, als er selbst schon unabhängig war. Es war so ungerecht, dass seine Mutter, gerade einmal sechzig Jahre alt, nie das Vertrauen finden würde, nach dem sie ihr ganzes Leben gesucht hatte und das so oft enttäuscht worden war. Reden konnten sie nicht darüber, auch nicht, dass es zu Ende ging. Und keiner von ihnen wusste, ob es nicht vielleicht besser wäre, das doch zu tun.

Mit Religion hatte Jans Mutter nie viel am Hut gehabt, und er selbst eigentlich auch nicht. Religion gehörte nur zu seinem Leben, weil ein Cousin sie zu seinem Lebensmittelpunkt gemacht hatte. Er war ins Kloster eingetreten. Als junger Mann begleitete Jan ihn immer wieder einmal zu Wallfahrtsorten und in Klöster, und das hatte ihm durchaus gefallen. Aber wirklich gesagt hatte es ihm nicht viel. So wie es für ihn dazugehörte, am Wochenende gemeinsam auszugehen, hatte es für ihn auch dazugehört, mit diesem ganzen Zauber in Berührung zu kommen. Aber er musste sich nie wirklich dazu verhalten. Jetzt erinnerte er sich daran, vor vielen Jahren mit seinem Cousin während eines Italienurlaubs das Grab von zwei Heiligen besucht zu haben: Benedikt und seine Schwester Scholastika, zwei Menschen aus dem sechsten Jahrhundert, die beide Klöster gegründet hatten. Eine komische Geschichte, doch Jan hatte sich der Faszination des Ortes nicht entziehen können.

Die Gräber befanden sich auf dem Montecassino, einem Berg, eine gute Stunde mit dem Zug von Rom entfernt, umringt von schier endlosen Soldatenfriedhöfen. Ihm war der Name der Stadt durch die Schlacht von Montecassino im Zweiten Weltkrieg ein Begriff. Das Grab der beiden Heiligen in der riesigen Klosterkirche hatte ganz anders ausgesehen als die schlichten Kriegsgräber. Zwischen all dem religiösen Bombast hatte es Frieden ausgestrahlt. Während sein Cousin beim Grab gebetet hatte, hatte er eine Stunde in der Kirche gesessen. Es war still gewesen, die Besucherströme waren an jenem Tag noch nicht angekommen. Er hatte sich nicht gelangweilt oder fehl am Platz gefühlt. Er war einfach da gewesen, ohne sich zu viele Gedanken zu machen.

Sein Cousin hatte ihm erzählt, dass Benedikt und Scholastika nicht zufällig gemeinsam in diesem Grab beerdigt worden waren. Beide hatten ihr eigenes Leben, in ihrem eigenen Kloster. Doch einmal im Jahr trafen sie sich. Dabei redeten sie, führten »geistliche Gespräche«, doch am Ende des Tages war jeder wieder seiner Wege gegangen, auch wenn Scholastika das insgeheim bedauert hatte. Ihr Bruder Benedikt, der Abt des Klosters von Montecassino, hatte es wichtiger gefunden, wieder zu Hause zu sein, bevor die Nacht hereinbrach. Doch in einem Jahr waren sie wohl zu sehr ins Gespräch vertieft gewesen: »Während sie noch am Tisch saßen und ihr geistliches Gespräch fortsetzten, wurde es spät. Da flehte die gottgeweihte Frau, seine

Schwester, ihn an: ›Ich bitte dich, lass mich diese Nacht nicht allein, damit wir noch bis zum Morgen von den Freuden des himmlischen Lebens sprechen können.‹ Er antwortete ihr: ›Was sagst du da, Schwester? Ich kann auf keinen Fall außerhalb des Klosters bleiben.‹« Jans Cousin hatte ihm erklärt, dass ein gewisser Papst Gregor diese Geschichte ein paar Jahrzehnte nach dem Tod der Heiligen aufgeschrieben hatte und dass man daher nicht alles so wörtlich nehmen musste. Aber irgendwie erkannte er sich heute in diese Szene wieder. Wenn er sich mit seiner Mutter wirklich über das unterhalten hatte, was ihnen beiden wichtig oder sogar heilig war, dann hatte es immer andere Dinge gegeben, die wichtiger waren und deshalb das Gespräch beendeten. Erst waren es seine Freunde, später seine Arbeit, noch später die Kinder.

Die Geschichte war aber weitergegangen, denn etwas völlig Unerwartetes war geschehen. Obwohl die Sonne am Himmel stand, war auf einmal ein Wolkenbruch heruntergekommen, und Benedikt hatte bleiben müssen. Er hatte keine andere Wahl gehabt, und die Folge war, dass er und seine Schwester sich endlich wirklich begegnen konnten: »Da er das Haus nicht verlassen konnte, blieb er gegen seinen Willen, nachdem er freiwillig nicht hatte bleiben wollen. So konnten sie die ganze Nacht durchwachen, in heiligen Gesprächen ihre Erfahrungen über das geistliche Leben austauschen und sich gegenseitig stärken.« War Jan so etwas mit seiner Mutter nicht auch schon passiert, nur dass er bis jetzt immer einen Weg gefunden hatte, ein allzu tiefes Gespräch zu vermeiden? Bisher war das möglich gewesen. Doch nun auf einmal nicht mehr. Die Krankheit seiner Mutter war wie ein Donnerschlag aus heiterem Himmel. Sie konnten das Haus nicht mehr verlassen. Wenn er jetzt wegliefe, würden sie beide im Regen stehen.

Benedikt und Scholastika hatten sich in ihrem Gespräch nicht über den Tod unterhalten. Es war keine Rede davon gewesen, dass einer von beiden bald sterben würde. Sie hatten wohl nicht daran gedacht, dass es vielleicht das letzte Mal sein könnte, dass sie einander sahen, und waren wieder ihrer Wege gegangen: »Am nächsten Tag kehrte die ehrwürdige Frau wieder in ihre eigene Zelle zurück, und auch der Mann Gottes ging heim in sein Kloster.« Doch dann starb Scholastika kurze Zeit später doch: »Drei Tage darauf stand er in seiner Zelle. Er erhob die Augen zum Himmel, da sah er die Seele seiner Schwester, die aus dem Leib geschieden war, in Gestalt einer Taube zum Himmel aufsteigen und in die Vollendung eingehen. [...] Sogleich schickte er Brüder hin, die ihren Leichnam ins Kloster bringen und in dasselbe Grab legen sollten, das er für sich vorbereitet hatte. So traf es sich: Selbst das Grab konnte ihre Leiber nicht trennen, war doch ihr Geist immer in Gott eins gewesen« (Vita Benedicti 33–34).

Jan überlegte. Das hatte wirklich nichts mit seiner Mutter und ihm zu tun. Sie waren beide keine »gottgeweihten« Personen, im Gegenteil, nichts lag ihnen ferner. Zudem wusste er, dass seine Mutter sterben würde, und sie wusste es auch, ohne dass sie darüber sprachen. Benedikt und Scholastika hatten es scheinbar nicht gewusst. Andererseits musste man die Geschichte ja symbolisch verstehen. Vielleicht war da doch ein tiefes Wissen gewesen, wie man es Mönchen und Nonnen nachsagte – dass sie ständig mit dem Tod lebten? Seine Mutter und er hatten das nie getan, der Tod war kein Thema gewesen. Das lag ihm nun schwer auf der Seele. Musste er seine Mutter darauf ansprechen? Vielleicht. Aber darauf kam es letztlich nicht an. Musste er Abschied nehmen? Sicher, doch er sehnte sich nach einer Verbundenheit mit ihr, die er bis jetzt immer gefühlt, aber vielleicht nie wirklich zugelassen, schon gar nicht benannt hatte.

Abschied oder nicht, es ging um das Leben, das sie jetzt miteinander teilen konnten. In den letzten Wochen hatte er sich immer wieder eingeredet, dass er sich ans Loslassen gewöhnen müsse, an den Gedanken, dass seine Mutter nicht mehr da sein würde. Vielleicht musste er sich aber gerade an die Verbundenheit gewöhnen, die sie beide verdienten und die ihnen geschenkt werden könnte. Ein komischer Gedanke: im Angesicht des Todes nicht über Abschied, sondern über Gemeinschaft nachdenken und sprechen?

Jan dachte an seine Familie. Wie viele Gelegenheiten gab es, in denen er mit der allerbesten Absicht den Moment verpasste? Er konnte sich nicht vorstellen, seine Kinder irgendwann loslassen zu müssen, doch umarmte er sie wirklich? Ließ er die unerwarteten Momente zu, in denen man sich wirklich festhielt? Immer gab es etwas anderes, zum Wohl der Familie, das vorging. Was ihn nun umtrieb, war das Verlangen nach Verbundenheit. Gerade wenn der Tod ein Teil des Lebens wurde, konnte, ja musste man sich umarmen. Für Gleichgültigkeit und andere Prioritäten gab es keinen Raum mehr.

Trotzdem ging das Leben weiter. Jans Mutter arrangierte sich so gut es ging mit der Situation. Sie telefonierten täglich, sahen sich öfter, unternahmen viel mit den Kindern. Das war schön, und er merkte, dass es ihnen allen guttat. Aber über das Sterben sprachen sie noch immer nicht. Auch wenn die Tatsachen immer offensichtlicher wurden, als die Therapie ihren Tribut forderte. Jan wurde immer unsicherer, ob er seine Mutter mit dem Unausweichlichen konfrontieren sollte. Was sollte das bringen? Sie wusste genauso gut wie er und alle anderen in ihrer Umgebung, was die Uhr geschlagen hatte. Sie würden dann die kommende Zeit vielleicht intensiver miteinander teilen und erleben können. Doch würde es nicht auch ein allzu schweres Gewicht auf ihre Begegnungen und Gespräche legen? Da fiel ihm wieder die Geschichte von Benedikt und Scholastika ein. Es ging darin zunächst nicht um den Tod. Doch symbolisch gesehen hatte sich die Leichtigkeit der Begegnung, ihre himmlische Qualität, erst eingestellt, als sie sich ganz auf den Moment richteten. Sie hatten die Nacht verbracht, als gäbe es kein Morgen. Sie hatten nicht mehr darüber geredet, dass es Abschied zu nehmen galt. Sollte das auch beim großen Abschied, der ihm bevorstand, so sein können?

Im Angesicht des Todes konnte man sich neu begegnen. Es fühlte sich wie ein Auftrag an. Wenn er sich nur nicht so schwer mit seinen eigenen Gefühlen getan hätte und sich oft blöd dabei vorgekommen wäre, wenn eine Situation zu emotional wurde. Sein Cousin hatte ihm gesagt: »Vielleicht heißt du ja nicht zufällig Jan.« »Warum?«, hatte er gefragt. »Weil der Apostel Johannes sich der Mutter Jesu angenommen hat, als sie gemeinsam unter dem Kreuz standen.« In der Situation des größten Unrechts hatte der biblische Jan Gefühle gezeigt und Maria, die Mutter Jesu, ohne viele Worte umarmt (Johannes 19). Das mochte zwar so sein, aber hier ging es nicht um die Mutter von irgendwem, sondern um seine Mutter. Ihr geschah das Unrecht und damit auch ihm. Umarmen war unendlich schwer, genauso schwer wie Tränen.

Jan hatte nur ganz am Anfang offen seinen Lieben gegenüber geweint, als er von der Krankheit seiner Mutter erfahren hatte. Danach nicht mehr, auch nicht heimlich. Es wäre schön gewesen, wenn er sich seiner Tränen hätte schämen können, doch er hatte keine. Wenn man sich nämlich für seine Gefühle schämte, wusste man zumindest sicher, dass man sie hatte. Scholastika hatte auch geweint, als ihr Bruder nicht bereit war, länger für sie da zu sein als erwartet. Die Tränen hatten schließlich

Endlichkeit: Vom Loslassen

die Wende gebracht. Jans Mutter weinte auch nicht, zumindest nicht, wenn er dabei war. Es wäre ihm nicht unangenehm gewesen, doch Tränen ließen sich genauso wenig erzwingen wie Freude. Sie waren weder gut noch schlecht, sie waren einfach da oder nicht. Jan fragte sich manchmal, ob er sie nicht unterdrückte, indem er den Tod verdrängte. Verdrängte er auch insgeheim seine Mutter aus seinem Leben? Das war das Letzte, was er wollte. Das würde er nicht tun, auf keinen Fall.

Die ganze Vernunft, die eingesetzt hatte, die Recherche nach Krankheitsverläufen, palliativen Möglichkeiten und Patientenverfügungen würden ihn nicht daran hindern, die Zeit mit seiner Mutter zu umarmen, ob sie nun lang oder kurz war. Denn so gut er auch informiert sein mochte, letztlich wusste er nicht, was der Abschied bedeuten würde. Bei einem Gespräch mit dem Arzt, bei dem es keine guten Nachrichten gegeben hatte, sagte seine Mutter auf einmal: »Ich habe damit gerechnet.« »Ich auch«, hatte Jan erwidert. Das war's dann auch schon wieder. Wäre es nicht gut gewesen, bei der Gelegenheit das weitere Gespräch zu suchen, ihr zu sagen, wie schwer es war, sie gehen zu lassen? Hätte nicht auch sie die Gelegenheit gebraucht, ihrem Kummer und ihrer Angst Luft zu machen? Vielleicht. Aber zugleich war gerade dieser Moment aussagenkräftig genug gewesen. Was gab es noch mehr zu sagen? Es war so vertraut gewesen, dass Jan das Gefühl gehabt hatte, die Zeit umarmen zu können, nur für den einen Moment.

Er wollte sich bestimmt nicht in die frommen Geschichten seines Cousins, des Mönchs, flüchten, dafür war er nicht der Typ. Aber der Gedanke, dass es gar nicht schlimm und außergewöhnlich war, sich mit dem Tod zu beschäftigen, ließ ihn nicht mehr los. Er merkte, wie der Tod auch unausgesprochen immer mehr zum Leben seiner Mutter und zu seinem Leben dazugehörte. Sie sprachen darüber, ob nicht bald ein Palliativnetzwerk eingeschaltet werden sollte, und das war das Normalste der Welt gewesen. Sie gewöhnten sich an den Gedanken oder besser: Sie akzeptierten ihn. Seine Angst wurde weniger, er plante einen letzten Urlaub mit seiner Mutter und den Kindern. »Wir müssen die Zeit gut nutzen«, hatte seine kleine Tochter gesagt, und irgendwie hatte das nicht kindisch geklungen, im Gegenteil. Die Zeit zu nutzen hieß nicht, die Endlichkeit zu verdrängen, sondern Raum dafür zu schaffen, dass seine Mutter immer da sein würde. Sie würde immer Oma, Freundin, Gefährtin bleiben, egal, was sie noch zueinander sagen würden oder nicht. Jan wusste, dass seine Mutter das spürte. Es machte ihn fast glücklich.

Gedanken zum Loslassen

In einem Sterbeprozess können sich »Welten öffnen«, so formuliert es der niederländische Spiritualitätswissenschaftler Kees Waaijman. Es entsteht eine Gemeinschaft, die es sonst vielleicht nicht gegeben hätte. Beziehungen wachsen in der ausweglosen Situation des Todes. Man lässt los, was einen im normalen Alltagsgeschehen am Miteinander hindert, und begegnet sich mit einer Intensität, die Grenzen überschreitet: die Grenze zum anderen, die zwischen Leben und Tod und auch die zu einer Zukunft über den Tod hinaus. Man befindet sich in einem »Zwischen«, in dem alle – Familie, Freunde, Nachbarn, Kollegen – in einem Boot sitzen. Diese Gemeinschaft bezeichnet der englische Ritualforscher Victor Turner als »communitas«: eine Verbundenheit, die einem nur in dieser speziellen Phase geschenkt wird. Noch vor einigen Jahrzehnten gab es ein festes rituelles Repertoire, wie man den Beginn und das Ende dieser Phase markierte, zum Beispiel durch religiöse Riten. Die Haltung war dadurch klar, der Parcours selbstverständlich vorgegeben.

Für viele, die mit dem Sterbeprozess eines geliebten Menschen konfrontiert werden, ist das heute aber eben nicht mehr selbstverständlich. Man muss den Prozess selbst gestalten, ist von medizinischen Diagnosen und der eigenen Kreativität abhängig. Das bietet viele Chancen, kann aber auch zu Ohnmacht führen. Dadurch entsteht ein Vakuum, das zu nagenden Zweifeln führt: Müssen wir reden, müssen wir etwas tun?

Jan erfährt diese Ohnmacht mit voller Wucht. Das hat vor allem damit zu tun, dass er nicht weiß, wie er sich seiner sterbenden Mutter gegenüber verhalten soll, wenn es keine geteilten Codes mehr gibt, mit denen man sich über ein so bedrohliches Thema wie den Tod austauschen kann. Er zieht sich zurück und hat es sich zur Aufgabe gemacht, jede Hoffnung auf eine Genesung oder eine gute Zeit miteinander loszulassen. Letztere wünscht er sich von ganzem Herzen, doch sie öffnet sich für ihn spontan einfach nicht. Zweifel und Unsicherheit führen dazu, dass ihm die Worte fehlen, nicht nur seiner Mutter, sondern auch sich selbst gegenüber. Wie selbstverständlich macht er sich praktische, vernünftige Gedanken. Die sind natürlich nicht falsch, doch sie verhindern die emotionale Verbundenheit mit seiner Mutter und auch die Entwicklung seiner eigenen Haltung dem Tod gegenüber.

Ob Reden das probate, vielleicht sogar notwendige Mittel ist? Jan droht daran zu verzweifeln, ob er seiner Mutter gerecht wird, wenn er nicht den Mut aufbringt und die Gelegenheit findet, sie beide mit der Situation zu konfrontieren. Geht es nicht darum, allen das Loslassen zu erleichtern? Denn wenn man sich einmal mit dem Abschied auseinandergesetzt hat, kann man leichter den Übergang zu einem Leben ohne den anderen vollziehen. Viele, die einen geliebten Menschen verlieren, machen ähnliche Erfahrungen. Wie kann man sich so zueinander verhalten, dass man sich nicht abstößt und einigelt und zugleich das Unausweichliche nicht verdrängt? Wie kann man Hoffnung miteinander teilen, ohne auf Bilder zurückzugreifen, die vielleicht nicht passen?

Es geht letztlich um den Raum, den man sich entgegen aller Gewohnheiten und Reflexe in einer solchen Situation schaffen muss. Die unerwarteten Momente, die dann möglich sind, können in einem Sterbeprozess so intensiv sein wie sonst nie im Leben. Das hat damit zu tun, dass man alle vorgefertigten Erwartungen loslassen kann. Dann ereignet sich in das Unerwartete: Himmel und Erde berühren sich, so wie bei Scholastika und ihrem Bruder Benedikt. Denn einerseits geht die Sterbende ins Himmelreich ein, andererseits bleibt sie jedoch für ihren Bruder und alle Menschen, die sie zurücklässt, präsent: durch das Grab und noch mehr durch die Erinnerung, die ewig da sein wird. Jeder Mensch, der je gelebt hat, ist immer da, wenn die Grenze zwischen Himmel und Erde verschwimmt.

In der Trauerpsychologie wurde bis vor einigen Jahrzehnten ein starker Akzent auf das Loslassen des Verstorbenen gelegt *(letting go)*. Inzwischen setzt sich mehr und mehr eine andere Auffassung durch, nämlich dass bleibende Verbundenheit *(continuing bonds)* wichtig ist. In unzähligen Symbolen kann das deutlich werden und nicht zuletzt auch in der Art, wie Menschen bestattet werden. Der Wunsch von Eheleuten, im selben Grab zu liegen, deutet auf eine Verbundenheit hin, die sich im Jenseits vollendet, aber in der irdischen Wirklichkeit beginnt. Hinterbliebene haben, so zeigt sich in zahlreichen Befragungen, am Grab das Gefühl, dass ihre Lieben zugegen sind. Die Geschichte Benedikts, der sich sogar im Grab mit seiner geliebten Schwester vereint, weist symbolisch darauf hin, wie wichtig eine irdische Verbundenheit über den Tod hinaus ist, die den Himmel nicht ausschließt, sondern öffnet.

Wie erfahren wir Verbundenheit durch den Tod hindurch, und wie können besondere Momente während des Sterbeprozesses dazu beitragen? Für Jan wird deutlich, dass es nicht von bestimmten Worten oder Formulierungen abhängt, ob man Sinn in der tiefsten Krise, die es gibt, erfahren kann. Er lässt letztlich die Unsicherheit los, wie er sich verhalten soll. Das Einzige, was zählt, ist, er selbst zu sein, seiner Mutter, seiner Familie und allen in seiner Umgebung gegenüber. Wie kann ich offen sein, wenn ich mit der Endlichkeit des Lebens konfrontiert werde, ohne mich von inneren oder äußeren Zwängen bestimmen zu lassen? Wie kann ich Abschied akzeptieren, gemeinsam gestalten und zugleich durch eine bleibende Verbundenheit über steigen? Wie kann ich das Wunder, das sich in den letzten geteilten Momenten ereignet, wahrnehmen und für mein Leben fruchtbar machen? Dafür gibt es keine Patentlösung. Immer, wenn man sich zu sehr festlegt und aus der eigenen Biografie oder den Erwartungen der Umgebung Sorgen oder Scheinsicherheiten ableitet, versperrt man den Weg, den man mit dem geliebten anderen auch durch den Tod hindurchgehen kann.

Bibliografische Information der Deutschen Nationalbibliothek

Die Deutsche Nationalbibliothek verzeichnet diese Publikation in der Deutschen Nationalbibliografie. Detaillierte bibliografische Daten sind im Internet über http://dnb.d-nb.de abrufbar.

Ohne Folie
Für unsere Umwelt

MIX
Papier aus verantwor-
tungsvollen Quellen
FSC www.fsc.org **FSC® C014889**

in Deutschland
produziert

1. Auflage 2022
© Vier-Türme GmbH, Verlag, Münsterschwarzach 2022
Alle Rechte vorbehalten

Lektorat: Marlene Fritsch
Satz: Matthias E. Gahr
Umschlaggestaltung: Finken & Bumiller, Stuttgart
Umschlagmotiv: Alina Turchik / shutterstock.com
Druck und Bindung: Pustet, Regensburg
ISBN 978-3-7365-0421-9

www.vier-tuerme-verlag.de

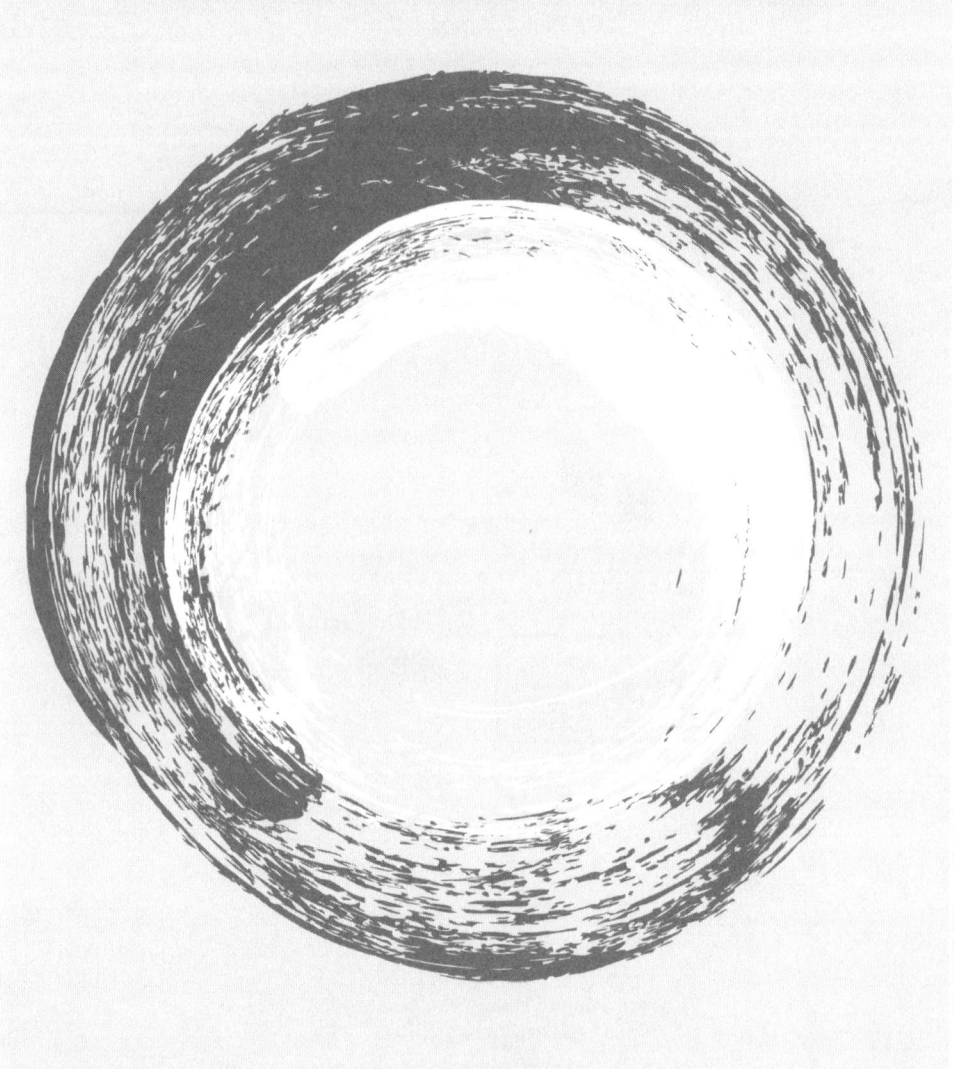